James Adams

How To Play

Inside this wordsearch collection, you will find puzzles with words going forwards, backwards, upwards, downwards and diagonally. All the words in this collection are contained in a large 15 by 15 grid. Your task is to find all the words listed at the bottom of the page. Look carefully, they are well hidden.

If you do get a little stuck, do not worry. All the answers to these puzzles are contained in the back of the book for you to check for yourself when you have finished a puzzle or need a little clue.

Word puzzles are a great way to rest, relax and give yourself some time to unwind. They keep you mentally sharp and alert and provide a fun challenge wherever you are.

They also improve your vocabulary, spelling and your language and problem solving skills. Above all however, they are simply fun to complete and immensely satisfying when you complete each puzzle.

I know you will greatly enjoy completing this entire word search collection and I wish you the very best of luck. Let's get started now!

James

Puzzle #1

ROCK MUSIC

```
V M A R K K O Z E L E K A Q F
N C E P I P E V R E V E H T B
R S Y S D I K P U T E G E H T
M O L Y G Y I S A B G Y E C S
L D J W S I K U K R U A R D U
Q A W N P R R S A R G S F N N
X I J W E Q Z N U W D Y H P K
N M G T R B A U U H M E B P I
K E P Z N P E I Y R O L Y O L
C E N J X B V G B S L H R P M
H M U L A U T I R Y I Z A H O
L A S W A D O L M O A B H R O
D N U B W A H P U Z J S O H N
Q N O G A R D O X F X Y H N L
N K P R I M A L S C R E A M G
```

AIMEEMANN	MARKKOZELEK	SAYBIA
ASWAD	MOBYGRAPE	SUNKILMOON
BUSH	POP	THEGETUPKIDS
DRAGON	PRIMALSCREAM	THEVERVEPIPE
HUSKY	RITUAL	
JORGEBENJOR	RUNRIG	

Puzzle #2

ROCK MUSIC

```
K X B R O T A T I G R U G E R T
T I H T A B B A S K C A L B T T
J O L W P D E X B Y B S A V Z
R W Q L U U R U W D I Z K T O
O E J R I U A A F G L G C Z A
H U L T Y N R I Z V L X Q A L
J L B M Z A G I C Z W E F A P
F O K B E P N J A A I A C I I
C W N Y G R O S O H T W Q M N
S D H O C K E Y T K H S X T E
H B G M N Z X H P A E E A R S
Q W P T O A S K N S R W E N T
K K Y G U F M Z K W S N I P A
T H E R U T L E S O O X W X R
T H E C R O O K E S N D Z O S
```

ALPINESTARS	KILLINGJOKE	THECROOKES
ANASTACIA	NONAME	THERUTLES
BILLWITHERS	ORGY	URIAHHEEP
BLACKSABBATH	REGURGITATOR	WIZZARD
DOWNHERE	REMLER	
HOCKEY	RYANSTAR	

Puzzle #3

ROCK MUSIC

```
Q  M  X  P  S  I  L  V  E  R  C  H  A  I  R
L  C  I  D  I  U  Q  I  L  D  I  U  Q  I  L
T  E  K  F  N  C  B  M  Q  B  D  Y  Y  G  N
H  K  K  L  C  A  O  B  O  U  L  C  Y  W  C
E  M  A  N  B  E  R  L  I  N  M  P  T  H  V
S  P  W  I  R  R  R  B  D  G  T  T  R  C  J
E  T  E  E  R  F  O  O  I  S  Y  E  R  H  M
A  M  N  K  C  B  R  T  Y  V  H  D  R  X  Y
H  Y  K  A  L  I  Q  A  A  H  H  O  N  E  O
O  L  J  S  P  Y  Q  Q  G  N  A  K  T  A  Y
R  F  R  Z  L  S  W  B  L  T  I  R  G  S  M
S  B  S  K  A  T  E  R  S  E  R  M  P  N  G
E  T  I  H  W  T  Y  M  X  J  A  A  I  E  N
S  V  A  N  E  B  S  L  A  U  R  A  F  L  R
C  G  A  R  Q  O  B  H  N  J  Q  U  D  F  E
```

ANBERLIN	FREE	SILVERCHAIR
ANDYGIBB	JAMESPANTS	SKATERS
ARTGARFUNKEL	LAURA	THESEAHORSES
BRANDX	LIQUIDLIQUID	WHITE
COLDSHOT	MONTEREY	
ELIMINATOR	ROYHARPER	

Puzzle #4

ROCK MUSIC

```
S  R  N  I  H  K  E  A  S  T  W  E  S  T  D
B  I  S  A  Z  G  Q  N  L  A  M  Q  G  S  H
L  R  W  H  I  Z  R  U  I  G  W  K  K  T  K
L  N  I  E  E  V  Y  E  P  A  R  O  C  K  S
L  L  E  G  L  P  L  S  E  M  M  I  H  Y  J
N  W  S  D  H  N  P  Y  T  N  F  E  S  S  E
Q  T  T  X  I  T  O  A  S  R  D  H  H  Q  F
C  E  O  Y  T  A  E  R  R  D  A  A  M  T  F
P  T  N  V  K  N  M  Y  A  D  I  D  Y  E  W
P  B  E  O  Q  N  A  N  E  A  R  V  L  M  A
T  S  S  P  M  L  Z  I  O  S  H  O  A  I  Y
X  Z  O  U  O  A  A  E  G  R  A  B  E  D  N
V  Q  U  X  W  J  R  X  I  K  I  U  W  U  E
H  O  R  S  E  T  H  E  B  A  N  D  I  E  K
H  R  U  A  A  P  V  K  A  W  O  C  O  T  O
```

AARONLEWIS	GREENDAY	ROCKS
BRIGHTEYES	HORSETHEBAND	SHEPPARD
DAVIDSYLVIAN	IRONMAIDEN	STONESOUR
DEBARGE	IZZYSTRADLIN	THEMAINE
EASTWEST	JEFFWAYNE	
GIANT	RAMONE	

Puzzle #5

ROCK MUSIC

```
R S R U E T N O C A R E H T D
E I B M O Z E T I H W H B W S
D M O C I S B T B Z H Q L S T
H U N S G T I S N A R T A H E
A S S A M A N O B E O J C M V
T I V E G D D O M Q G B K Y E
H C I O O G F H L U T R M F H
F A E R C H R I S I S A A K A
P L F D A G P M S W N E I B C
O Y X G U L F G N I Y A L P K
F O S T G D V I F Y X G Z K E
P U Y P O O G O O G A J A K T
C T T H E P E N T A N G L E T
L H O I S V J F I I D X B W Z
J E R R Y R E E D K G H I L E
```

ARGENT
BLACKMAIL
CHRISISAAK
JERRYREED
JOEBONAMASSA
KAJAGOOGOO

KINGDUDE
MUSE
MUSICALYOUTH
PLAYING
STEVEHACKETT
THEPENTANGLE

THERACONTEURS
TRANSIT
WHITEZOMBIE

Puzzle #6

ROCK MUSIC

```
V Y B S O R C D I V A D I O O
T J O H N F A H E Y O P C O K
H D W M A G G O T B R A I N L
T A F D F I R E W O R K S Z A
Q R S O O G D M L O I J A S N
D I A G T O N E Z P U S F R D
P S S W X B W L B N Q G E J O
F I Z L E F T F I E L D T B F
G C H U A T H A B P J O Y M T
L F Z U B M S L C D V W S N A
O B U P E U R D O D W A U V L
S R W W M H S O O Q A H I B K
W H I T E L I O N R J M T K X
A A R O N N I E M I L S A P D
X P L S K O O K E H T I W D B
```

DAVIDCROSBY	LEFTFIELD	SAFETYSUIT
DIO	MADCAT	THEKOOKS
FIREWORKS	MAGGOTBRAIN	WHITELION
JEBEDIAH	NORMALSI	WOOD
JOHNFAHEY	RODSTEWART	
LANDOFTALK	RONNIEMILSAP	

Puzzle #7

ROCK MUSIC

```
N  I  A  E  N  M  O  T  O  R  H  E  A  D  R
S  M  N  P  P  I  R  T  E  X  Y  T  W  U  O
P  N  I  N  H  A  L  E  E  X  H  A  L  E  C
P  A  O  H  K  A  R  R  A  I  G  J  S  Z  K
I  O  R  M  S  T  N  G  A  L  K  Q  V  I  I
G  B  L  Q  M  R  H  E  K  M  O  F  G  V  N
L  P  E  U  U  I  U  G  R  C  E  K  E  J  R
L  O  S  T  R  E  S  E  I  A  A  N  C  A  I
S  L  F  Z  H  E  T  E  T  N  A  L  E  E  O
F  A  Q  V  L  D  D  C  N  U  K  K  B  L  B
K  S  O  T  N  E  I  N  O  E  A  N  I  V  Y
X  Y  F  R  C  V  R  T  O  U  G  E  A  A  L
Q  P  B  I  C  V  M  X  T  S  R  S  H  E  Y
I  G  A  M  I  S  Z  K  H  O  A  T  J  T  J
L  L  E  H  C  T  I  M  I  N  O  J  S  R  L
```

ARENA	JASONDERULO	PARQUETCOURTS
BECKOLA	JEANKNIGHT	ROCKINRIO
BETHDITTO	JONIMITCHELL	THEAUTEURS
BLACKGRAPE	LENEMARLIN	
GENESIMMONS	LOSTRES	
INHALEEXHALE	MOTORHEAD	

Puzzle #8

ROCK MUSIC

```
R  H  W  Q  N  E  M  S  G  N  I  K  E  H  T
Q  V  T  S  C  A  N  D  A  L  L  A  U  A  Y
T  K  O  I  B  M  B  M  G  E  H  K  H  T  S
H  M  G  C  A  E  S  A  R  S  L  G  P  F  Q
E  B  S  N  P  F  I  Z  F  I  H  D  Z  C  G
H  D  F  N  I  L  D  E  O  Q  F  C  O  D  Z
U  L  N  K  I  R  I  N  B  E  Y  E  C  A  N
S  U  D  M  L  K  P  W  I  U  D  Z  H  E  M
H  A  E  N  R  Z  R  S  A  L  J  O  F  T  J
S  W  Z  G  N  I  K  E  N  E  B  A  G  N  P
O  C  R  F  X  J  X  P  P  R  F  Z  L  A  B
U  L  L  E  V  O  N  H  E  L  M  M  O  A  M
N  R  U  A  D  L  U  M  A  I  R  A  M  S  M
D  Q  G  L  E  I  R  B  A  G  N  A  U  J  U
T  O  B  Y  L  I  G  H  T  M  A  N  C  Y  D
```

BENEKING	LEVONHELM	THEFIRM
BLINDFAITH	MAGODEOZ	THEHUSHSOUND
CAESARS	MALAJUBE	THEKINGSMEN
CARLPERKINS	MARIAMULDAUR	TOBYLIGHTMAN
FOBIA	SCANDAL	
JUANGABRIEL	SPRING	

Puzzle #9

ROCK MUSIC

```
T  G  R  O  R  B  R  D  C  L  Z  A  V  Y  O
H  F  A  I  N  B  N  E  K  I  A  Y  A  L  C
E  E  X  P  M  C  V  A  S  M  Z  E  X  D  G
D  P  M  J  T  M  J  T  P  I  T  J  S  S  P
A  P  O  E  W  L  O  H  Y  L  E  C  K  N  T
T  V  B  N  R  T  X  I  N  B  Y  R  V  T  M
S  Y  C  L  Y  T  W  N  N  C  G  T  O  H  D
U  Z  Y  M  X  I  X  V  C  F  K  V  L  I  R
N  E  Y  A  U  Q  Y  E  L  N  I  F  U  B  R
S  A  J  W  Z  Z  I  G  E  A  P  T  M  T  E
T  E  P  A  T  T  R  A  V  E  R  S  E  S  M
Y  J  U  L  J  A  R  S  O  F  C  L  A  Y  W
T  W  V  L  T  R  A  N  S  F  O  R  M  E  R
U  U  I  X  B  A  S  T  A  N  D  B  Y  M  E
D  N  S  T  E  R  E  O  P  H  O  N  I  C  S
```

BLUES	JARSOFCLAY	STEREOPHONICS
CLAYAIKEN	PATTRAVERS	THEDATSUNS
DEATHINVEGAS	POE	TRANSFORMER
EXTREME	RIOREISER	VOLUME
FINLEYQUAYE	SEAL	
IOMMI	STANDBYME	

Puzzle #10

ROCK MUSIC

```
R  E  U  C  T  K  C  O  R  A  T  A  D  X  X
X  D  D  T  P  H  F  R  O  K  I  C  A  B  Y
O  A  A  I  F  I  E  Z  Y  N  G  C  Y  G  D
X  V  R  V  S  G  T  R  G  D  M  E  I  T  F
W  Y  Q  S  E  R  Y  U  I  E  B  C  M  J  T
H  G  L  O  D  R  E  X  A  F  Y  P  N  G  B
I  R  E  U  Q  R  U  V  S  O  L  R  P  E  O
T  A  M  L  V  Y  B  S  I  F  F  E  E  O  Y
E  H  U  B  I  B  U  U  A  R  K  P  S  Y  V
A  A  R  N  G  V  L  R  Q  N  B  U  T  K  R
L  M  I  X  I  K  T  I  M  A  M  B  E  H  C
B  N  A  N  A  T  H  R  J  C  Y  L  U  N  G
U  Q  W  Z  P  M  M  P  U  W  U  I  J  Z  W
M  R  T  X  S  Q  A  I  Y  K  C  K  L  J  E
I  V  M  O  F  W  H  F  T  D  K  A  I  W  X
```

CHEBMAMI   LEMURIA   SOUL
CKY   NANA   THERIFLES
DATAROCK   PMMP   WHITEALBUM
DAVERUSAN   REPUBLIKA   YUCK
DAVYGRAHAM   RIVERSIDE
KURTVILE   RYERYE

Puzzle #11

ROCK MUSIC

```
O S P I N D O C T O R S I H E
O K R O B I N T R O W E R K K
S A V A G E G A R D E N D F X
S C A I E F S B Z G S Z Z K K
M R F I O N A A P P L E A J P
A U E M O P O X Z E L A L E Y
L T R G I B S T W O L G O D L
L H U A D N M I S V U K Z C I
F E F O H O E A S S L A O X P
O P Y L X L R D S O U R Y Q B
U O U E N E O L E N I G G C C
R G E O S Y J C U T A O N R R
T U G R H E T Y O A I R V A J
H E V V G K V W F R P H T F R
O S F Y W M C E M F P R W Z K
```

ALLFOURTH   PAULRODGERS   TRANSAM
ANGUSSTONE   PROCOLHARUM   WHITEDENIM
FIONAAPPLE   ROBINTROWER
IDLES   SAVAGEGARDEN
KARGO   SPINDOCTORS
LALEY   THEPOGUES

Puzzle #12

ROCK MUSIC

```
E  S  R  O  H  E  L  K  R  A  P  S  P  I  T
V  J  A  N  I  S  J  O  P  L  I  N  I  W  H
F  W  L  D  E  J  A  G  B  P  I  W  O  W  E
M  F  R  E  A  G  M  T  M  Q  L  L  O  M  S
A  H  I  S  E  M  A  J  A  G  M  Z  J  S  T
G  I  C  L  E  F  S  F  O  M  Z  U  G  I  O
N  P  K  L  C  S  R  T  D  T  G  Z  R  J  N
U  U  A  F  T  Y  B  U  E  L  F  I  I  L  E
S  Z  S  W  S  H  M  Y  S  G  A  E  T  H  F
U  S  T  N  K  Y  V  M  T  C  O  N  C  S  O
G  T  L  U  M  W  N  T  I  G  I  B  O  A  X
G  Q  E  Q  H  Z  Q  O  J  J  V  A  M  D  E
L  X  Y  E  K  N  P  R  B  J  D  N  N  U  S
A  R  E  K  R  A  P  T  R  E  B  O  R  T  D
Q  T  H  E  S  T  A  N  D  E  L  L  S  K  E
```

ACE   JANISJOPLIN   STIGMATA
DONALDFAGEN   JIMMYCLIFF   THESTANDELLS
DUMBOGETSMAD   MAGNUSUGGLA   THESTONEFOXES
EBONY   RICKASTLEY
FRUSCIANTE   ROBERTPARKER
JAMESIHA   SPARKLEHORSE

Puzzle #13

ROCK MUSIC

```
Q U B T O W O R C L Y R E H S
F L L U N K Y Q O S C B G M I
W E L R A A A V B P M O A Q L
T S Q I T B L P N J T Y V R W
L L B N F R P O O Z U Z J M J
D E P B E H E A B T P O Q J A
X Y S R W K I P X C S N L Q Y
U G N A L Y N N O J R E F N D
R O X K I O I Q Q O J A J B E
M R E E L L V V D X L S M B E
Q E P S L A A E G R O J U E S
Q H R S R O B E R T C R A Y G
G S S B V K B E J B A V Z W Z
E S E V I L R E H T O V O F X
I W Y E X U L E D V U Y N F I
```

ALIAS
BOYZONE
DELUXE
ESTOPA
JAYDEESG
JONNYLANG

LESLEYGORE
LOOPER
LOVERBOY
MARCBOLAN
OTHERLIVES
REM

ROBERTCRAY
SEUJORGE
SHERYLCROW
TURINBRAKES

Puzzle #14

ROCK MUSIC

```
S  L  V  E  R  Q  Z  R  Y  O  Q  F  L  P  Y
R  L  R  B  C  O  Q  W  I  N  W  O  O  D  B
X  S  A  S  H  N  P  M  U  P  W  A  X  F  G
Y  X  U  M  N  S  E  G  N  U  G  U  X  R  Z
G  X  L  G  I  O  T  D  J  R  S  U  N  X  Z
R  W  S  T  C  N  E  M  E  Q  F  Y  X  J  I
E  O  E  Y  O  R  A  N  G  E  R  A  N  G  E
E  Z  I  E  P  I  I  S  I  C  R  N  Q  H  T
N  S  X  E  N  X  L  F  S  H  I  C  K  C  Y
L  W  A  E  Z  G  V  L  F  A  S  P  M  N  Y
E  S  S  N  O  Q  J  B  E  L  L  Y  M  G  Y
A  N  T  H  E  H  I  V  E  S  Q  G  P  H  R
F  O  A  I  D  A  K  R  A  P  S  N  J  K  K
N  R  O  A  D  H  O  U  S  E  P  A  J  X  A
Y  H  P  M  J  Z  L  U  A  G  F  I  C  O  C
```

BELLY	ORANGERANGE	SPARKADIA
CASSELLIOT	PUMP	THEHIVES
CREEDENCE	RAULSEIXAS	WEEN
GLASSANIMALS	RIFF	WINWOOD
GREENLEAF	ROADHOUSE	
JAPE	SHINEON	

Puzzle #15

ROCK MUSIC

```
T  H  E  T  E  L  E  S  C  O  P  E  S  S  P
H  E  E  J  B  R  S  A  C  U  L  Y  R  A  G
H  A  C  N  A  T  H  L  N  Y  S  M  A  O  V
L  C  R  S  E  M  A  J  A  T  T  E  B  T  E
E  T  R  R  E  E  E  H  Z  L  Q  A  G  U  N
O  M  S  U  Y  H  R  D  T  G  U  W  G  V  O
J  V  I  T  H  C  C  G  L  E  N  P  T  Z  M
W  R  I  W  A  C  H  T  E  Y  K  U  I  L  Z
A  K  H  A  E  B  E  A  I  I  W  A  C  T  G
P  V  D  N  E  F  M  H  P  W  K  K  T  L  A
Z  Y  F  G  M  Y  J  O  T  I  S  C  K  W  F
K  I  F  R  O  G  N  Q  W  Z  N  R  A  A  L
N  S  D  A  E  H  A  R  B  E  Z  F  I  J  Z
F  Y  V  H  P  T  D  M  B  F  H  U  C  X  M
L  O  T  A  V  O  L  I  M  E  D  T  V  M  K
```

DEMILOVATO	LALUPITA	TWANG
ETTAJAMES	SWITCHES	VENOM
FRET	TAKETHAT	ZAKKWYLDE
GARYLUCAS	THECHURCH	ZEBRAHEAD
HARRYCHAPIN	THETELESCOPES	
JACKIEGREENE	THEWOMBATS	

Puzzle #16

ROCK MUSIC

```
S  E  V  E  I  H  T  Y  E  N  D  I  K  H  U
C  W  L  D  N  M  U  V  V  N  Y  P  L  K  N
O  T  G  B  H  N  G  S  M  Y  G  C  W  E  T
T  H  R  O  M  H  Y  E  K  W  X  R  S  I  O
T  E  L  R  S  E  J  L  R  E  H  I  V  T  P
M  B  G  A  I  T  S  J  F  Y  R  E  Y  H  L
A  R  C  N  M  U  A  N  R  F  O  D  N  R  O
T  E  Z  G  P  V  O  D  E  A  E  G  U  I  A
T  E  Y  E  L  D  D  I  D  O  B  J  L  C  D
H  D  Y  J  Y  F  H  O  G  O  C  A  B  H  E
E  E  N  U  R  E  R  N  C  R  U  S  C  A  R
W  R  E  I  E  D  K  Y  T  W  L  C  I  R  N
D  S  B  C  D  R  G  S  P  T  B  Z  W  D  Z
Q  J  F  E  E  R  R  O  R  S  E  B  C  S  J
I  K  M  H  T  I  M  S  X  E  S  N  O  R  U
```

BODIDDLEY	KEITHRICHARDS	TAD
DIONYSOS	KIDNEYTHIEVES	THEBREEDERS
DISCOENSEMBLE	ORANGEJUICE	TOPLOADER
ERRORS	RONSEXSMITH	
HUSKERDU	SCOTTMATTHEW	
JEFFLYNNE	SIMPLYRED	

Puzzle #17

ROCK MUSIC

```
P V M A N U C H A O Z H P P J
R E Y A M O R R I S S E Y I W
N Z S G N I K N R E H T R O N
E E N I L A D O K A N A T A W
M N L L S X H I B K C X Z L R
R J O I G O M S N E D L O G R
T N Q O S T H E R U T S H X D
U F F S B S V C M G K K D G J
P T L C D T I T Y B V Q V N M
M R L A D J A M E S B R O W N
I L Y B O C Z P G M P C Y R P
R E V L O V E R Q N B K A S Z
W O L F P A R A D E I P R U W
E Z L U H C S S U A L K G A I
S O N N Y A N D C H E R L M B
```

AXL

BARKPSYCHOSIS

GOLDENSMOG

JAMESBROWN

KINGMISSILE

KLAUSSCHULZE

KODALINE

MANUCHAO

MAYER

MORRISSEY

NORTHERNKINGS

PATBOONE

REVOLVER

SONNYANDCHER

THERUTS

WOLFPARADE

Puzzle #18

ROCK MUSIC

```
B N E M O T O R P E H T R Q S
L Y E K W H I T E R O O M W K
H X A W L U O S D O O L F D U
C D S K Y E V B S E Y D P I N
I S E D C O G Q D S R C L R K
D B F N N M R A V F V N A E A
P R Z P M U E K T H S R G B N
J I E F V A R I D O G Y Z E A
Q A G W M T D Y L O C J J L N
E N U R O X Q E H L L P V U S
I M R H A P J D H X E L C T I
C A F O D Y T Y O T H N S I E
D Y O D K J D A V I D C O O K
D N Y X U I N O C H Q G B N I
P E G X Z S L V N Z S U N Y E
```

BRIANMAY

CATPOWER

DAVIDCOOK

EMF

FLOODS

GRAYDON

KORN

LEGATO

NELLIEMCKAY

NEWYORKDOLLS

REBELUTION

SKUNKANANSIE

SOULWAX

THEDAMNED

THEPROTOMEN

WHITEROOM

Puzzle #19

ROCK MUSIC

```
D  U  H  L  S  P  I  N  N  I  N  G  F  U  R
S  I  H  P  A  M  E  O  J  P  S  H  U  F  T
E  T  E  E  W  S  W  E  H  T  T  A  M  M  C
H  A  R  D  L  I  N  E  Z  K  Z  N  J  F  A
T  N  M  U  J  E  R  Q  N  Q  J  D  P  Y  J
Y  Z  O  I  O  I  U  U  Z  X  W  S  F  R  V
B  S  V  S  N  O  R  T  S  I  H  G  N  E  G
L  L  S  Y  L  A  S  H  C  H  I  T  I  D  H
E  X  T  T  H  E  C  L  A  S  H  S  J  D  M
A  H  S  P  O  O  N  I  B  G  P  J  X  Y  B
C  P  Z  K  K  G  B  Y  D  Z  F  A  Z  R  M
H  C  T  U  O  E  M  E  K  A  T  P  Y  U  H
E  N  I  E  D  O  C  Q  I  C  Q  D  Q  F  R
D  P  H  P  K  C  I  F  M  S  I  J  C  C  O
H  J  A  M  E  S  G  A  N  G  K  R  U  Z  O
```

BLEACHED
CODEINE
EPIC
GENGHISTRON
HANDS
HARDLINE

JAMESGANG
JOEMAPHIS
MATTHEWSWEET
MINA
RICKYNELSON
RUSH

SPINNINGFUR
SPOON
TAKEMEOUT
THECLASH

Puzzle #20

ROCK MUSIC

```
Y  C  X  T  O  O  R  D  E  T  S  U  R  C  S
J  W  K  I  L  L  E  R  S  A  N  C  T  F  B
B  Q  N  F  N  R  O  Y  O  R  B  I  S  O  N
Y  S  B  U  P  A  E  N  B  N  L  C  J  B  T
P  H  O  R  F  G  F  V  W  E  Z  W  N  E  H
C  R  T  D  U  A  N  E  E  D  D  Y  H  N  E
E  I  U  I  E  Z  M  X  T  R  O  G  W  W  W
F  E  R  L  M  A  V  I  E  S  L  U  S  H  H
B  K  N  T  I  S  D  Z  L  E  N  A  W  D  I
F  B  H  U  N  H  O  S  T  Y  P  E  S  E  T
X  A  B  D  Z  A  B  H  Y  Z  F  G  W  T  L
Z  C  T  L  C  Y  T  R  C  L  R  O  Y  G  A
R  K  I  E  J  E  H  T  A  E  R  B  R  S  M
R  M  I  W  I  L  L  F  O  L  L  O  W  C  S
L  S  T  H  E  R  U  B  E  T  T  E  S  D  E
```

BREATHE	GWENSTEFANI	SHRIEKBACK
DEADSY	IWILLFOLLOW	TANTRIC
DUANEEDDY	KILLERS	THERUBETTES
ECHOSMITH	LUSH	THEWHITLAMS
EVERLAST	ROYORBISON	
FAMILYFORCE	RUSTEDROOT	

Puzzle #21

ROCK MUSIC

```
F  M  U  N  G  O  J  E  R  R  Y  I  Z  I  S
R  P  K  X  M  T  A  V  T  V  A  V  S  Q  P
O  E  X  L  G  S  D  I  O  A  G  H  Z  A  E
Y  Y  M  C  S  U  T  V  R  O  K  H  D  B  E
G  E  Z  M  A  T  R  I  F  A  M  R  Z  D  D
A  P  L  Z  U  R  E  O  L  V  M  X  E  N  Y
R  C  C  S  I  S  I  P  B  L  O  A  D  G  O
Y  S  E  A  E  L  A  N  P  T  S  K  D  K  R
G  D  D  V  K  R  N  N  A  U  H  O  I  I  T
L  F  O  O  G  E  P  I  N  R  P  O  E  X  I
I  O  X  Y  P  D  L  S  H  O  O  B  M  G  Z
T  Y  D  S  S  J  K  X  I  T  D  U  O  A  O
T  Q  F  C  G  U  R  D  E  V  O  L  N  H  S
E  Y  Y  M  S  X  P  G  T  Y  L  R  E  D  M
R  F  U  N  B  O  Y  T  H  R  E  E  Y  Y  J
```

CARINAROUND   IDAMARIA   SAVOY
DONNASUMMER   KIX   SPEEDYORTIZ
EDDIEMONEY   LOVEDRUG   STILLS
ELVISPRESLEY   MUNGOJERRY   THINLIZZY
FUNBOYTHREE   PUPPETS
GARYGLITTER   ROBTHOMAS

Puzzle #22

ROCK MUSIC

```
A F Q O I V M E T A L K R H T
C Q R D O N W I L L I A M S M
S N U G Y O T Y N I H S K D Q
F E T J K N O D R O G A N I N
E Q S A I R S U P P L Y J E Z
G A A T D N A L Y H N A I R B
C O M P A N Y V J D B O K R Q
P B O R U B K H L P G N B Z O
Y Y T R I D R H N M M V T L Q
Q M J C U F N E E T S M L A M
S U B L I M E X C R A N E S E
I O P R Z P Y I D N D H Q D B
M N T Q N E I L D I A M O N D
C V I S G D J A F A L C O C X
J N N Y L F Y N N H O J V N W
```

AIRSUPPLY

BRIANHYLAND

CANCERBATS

COMPANY

CRANES

DIEFIRMA

DIRTY

DONWILLIAMS

FALCO

JOHNNYFLYNN

MALMSTEEN

METAL

NEILDIAMOND

NINAGORDON

SHINYTOYGUNS

SUBLIME

Puzzle #23

ROCK MUSIC

```
W  I  M  A  E  R  D  H  U  Z  E  U  K  N  O
Q  S  C  A  L  W  I  L  S  O  N  Q  J  G  R
H  B  F  I  D  O  A  C  E  M  D  G  C  E  Q
I  S  T  O  K  N  O  E  E  S  O  R  Q  M  D
L  M  M  N  U  M  E  H  M  A  X  J  S  H  A
Q  E  P  O  O  R  O  S  C  A  G  O  A  Y  R
E  A  E  E  S  S  T  Y  S  S  T  E  O  V  N
B  E  M  D  R  S  I  E  V  Z  M  A  R  H  E
D  H  G  J  E  I  O  O  T  D  Z  L  N  N  N
A  A  H  P  U  W  A  L  P  F  I  E  I  Z  Y
I  W  Y  B  O  D  Y  L  B  U  P  H  H  F  A
K  K  G  I  R  R  J  Z  T  N  H  O  C  R  B
W  U  V  I  K  A  R  U  E  E  I  D  F  R  Z
V  N  L  Y  R  G  X  P  J  Z  E  G  Y  D  O
R  S  E  V  E  N  N  A  T  I  O  N  X  S  Y
```

ALWILSON

ENDO

FILMSCHOOL

FOURTET

GINBLOSSOMS

ICEAGE

IMPERIALTEEN

LEEDEWYZE

MADNESS

MATANZA

MOJAVE

ORCHID

POISON

PUHDYS

SEVENNATION

ROCK MUSIC

```
W  E  F  T  S  U  N  A  M  I  B  O  M  B  W
O  P  V  N  H  G  C  J  V  J  O  C  P  U  V
M  Y  D  A  I  S  A  T  S  A  N  A  N  I  N
U  U  E  I  W  T  D  Y  O  F  R  W  V  E  B
W  O  S  L  L  E  H  N  E  R  O  T  Z  E  O
J  J  M  C  I  L  U  E  O  P  Y  O  E  G  Q
Y  J  O  E  L  R  I  G  K  P  M  G  F  P  P
U  B  N  A  R  E  E  N  O  I  O  O  R  G  R
Y  P  D  I  N  T  S  E  G  R  L  D  P  V  G
X  L  D  G  O  B  X  R  L  E  T  L  R  I  Y
A  U  E  C  M  K  A  E  V  Y  R  T  E  A  S
J  B  K  E  F  Q  U  E  N  Q  L  L  U  R  B
C  T  K  J  O  I  F  T  Z  I  G  L  M  F  S
N  T  E  S  R  J  M  N  M  S  I  R  I  Y  A
D  P  R  I  A  H  P  Z  I  L  G  E  V  B  T
```

BARDOPOND	JOANBAEZ	POMPEYA
BILLYLEERILEY	JOEELY	ROGUEWAVE
DESMONDDEKKER	LIZPHAIR	THEKILLERS
DILLINGER	MUSCLES	TSUNAMIBOMB
INEXTREMO	NINANASTASIA	
IRIS	PETRA	

Puzzle #25

ROCK MUSIC

```
J  N  O  S  I  R  R  O  M  S  E  M  A  J  W
G  T  A  E  F  E  L  T  T  I  L  A  C  F  C
L  E  H  H  F  D  O  O  L  B  E  S  O  O  M
A  L  M  N  X  H  Y  B  P  L  Z  M  K  H  N
R  H  L  Y  V  T  R  V  X  W  V  U  W  L  P
E  E  T  I  A  V  I  B  U  F  F  A  L  O  A
D  D  L  E  J  D  Z  H  E  I  X  N  T  W  U
I  T  E  Y  L  F  N  A  N  A  H  C  U  B  L
G  E  L  F  T  L  F  O  R  U  G  O  I  K  K
H  A  B  B  H  E  E  O  M  M  T  I  U  E  E
H  F  L  V  S  J  I  B  K  Y  N  I  P  K  L
G  O  D  C  A  M  H  N  A  C  E  O  S  R  L
Y  B  R  E  A  M  O  N  N  L  A  H  S  G  Y
O  V  G  A  Z  P  A  C  H  O  J  J  C  A  T
R  X  K  F  S  Z  O  H  E  R  B  E  Z  E  J
```

AVIBUFFALO   JACKOFFJILL   MOOSEBLOOD

BONNIETYLER   JAMESMORRISON   PAULKELLY

BUCHANAN   JASONMRAZ   REAMONN

CLOR   LABELLE   YETI

GAZPACHO   LITTLEFEAT

HEYMONDAY   LOW

Puzzle #26

ROCK MUSIC

```
C X N O I T A R E N E G B A Y
W Q M C B G B R O A D C A S T
O A J L O V E A F F A I R B K
V S D I E R N O N R E V R R E
Z U G C M Z A M T R D L Y N N
D L Y N H M B D I Q S Q M E S
N T E C I R I U A Z Y W C M I
T A T A W P I E R C F Y G O N
S N O E E Q P S V L I P U B G
W S G O A H J A T A I R I M T
X S E G D E E H T M U V R R O
S W N P Q A J V X V A G E A N
M I T S N G N O N E I S H S B
Y N O S G D O H R E G O R A W
T G F S E L C I C I T S E T N
```

BARRICADA

BARRYMCGUIRE

BROADCAST

BURLIVES

CHRISTMAS

ENON

GENERATIONX

JIMMIEVAUGHAN

KENSINGTON

LOVEAFFAIR

ROGERHODGSON

SULTANSSWING

TAPPING

TESTICICLES

THEEDGE

VERNONREID

Puzzle #27

ROCK MUSIC

```
S  E  L  J  Q  U  I  L  T  H  A  D  X  R  Y
Q  L  M  E  W  S  A  J  H  V  K  S  Q  T  Y
R  S  L  I  A  A  O  D  A  E  T  U  K  H  Y
T  E  H  O  L  H  J  M  U  H  T  O  C  J  L
M  C  G  A  D  I  C  S  D  C  P  N  A  A  K
M  I  E  E  D  O  E  I  S  D  A  X  A  X  A
O  E  T  J  O  O  O  A  M  A  O  R  V  K  A
D  P  C  S  O  R  W  G  U  E  L  J  R  D  C
N  M  Q  K  K  R  K  G  O  T  G  G  N  A  K
Z  B  F  B  P  I  P  D  A  O  U  R  E  A  B
K  O  N  I  D  Y  S  I  A  L  G  M  O  J  B
G  W  A  M  A  V  D  L  L  H  L  B  N  E  A
U  N  Q  W  H  F  K  N  W  A  C  E  N  T  G
O  H  B  L  L  Q  O  D  A  O  L  F  R  U  Z
R  I  L  O  K  I  L  E  Y  R  H  W  F  Y  O
```

ALIPROJECT   GLASSJAW   RANDY
BANJO   GOOGOODOLLS   RILOKILEY
BARRACUDA   HOWLS   SHADOWGALLERY
CHADKROEGER   KANTE
EMILIEAUTUMN   MITSKI
GEORGEMICHAEL   QUILT

Puzzle #28

ROCK MUSIC

```
L S T R U C K F I G H T E R S
S Y N F Y Y L V W I Q Q Z J M
A I M E P J E U E V P M W X Z
M Z L E D Y B S O R C J J T A
A D Y B R R N L R S L U L V P
N W J F E E E I W E R A U I S
T I L Q I R J W K T J M I D T
H C I A I N M D O S E W I N D
A E B O N I K O N L T N E L E
C W R M U E D H N A Q L N N G
R E V I D Y L O H D D D I O S
A T V T A K F R C N P A P T S
I R E O Y I Y X S D R O H C S
N X A O N E R E P U B L I C N
Y I C F C L A A H V M M S Q K
```

CHADANDJEREMY
CHORDS
CROSBY
FINK
HOLYDIVER
KINOBE

LOWERDENS
MRSOUL
NEWJERSEY
ONEREPUBLIC
SAMANTHACRAIN
SILBERMOND

SONNET
STILTSKIN
TRUCKFIGHTERS
VERLAINE

Puzzle #29

ROCK MUSIC

```
Y  G  N  E  E  R  G  F  A  E  L  A  E  T  J
U  X  C  I  O  H  W  S  S  E  U  G  E  H  T
Y  U  M  R  T  O  M  M  O  R  E  L  L  O  E
E  T  O  E  A  Z  B  A  F  H  L  G  B  T  L
E  D  F  T  J  I  E  L  S  U  V  Q  R  R  E
L  E  I  U  R  W  L  R  C  M  S  G  L  A  C
M  N  O  S  N  A  H  A  E  X  E  A  M  M  A
O  H  O  C  A  O  E  P  N  B  Y  Z  Y  L  S
R  K  N  H  N  P  V  H  S  I  B  C  F  I  T
E  Q  E  O  I  I  P  K  W  T  L  O  K  N  E
J  V  I  L  D  A  V  E  M  A  S  O  N  E  R
A  V  L  Z  T  E  T  Q  A  O  A  M  R  S  K
M  P  O  E  E  O  Q  J  F  R  Z  B  Y  A  J
E  E  V  S  A  B  N  U  N  O  S  E  X  T  C
S  R  E  G  D  O  R  E  L  I  N  S  C  O  D
```

CAROLINALIAR

DAVEMASON

DISAPPEARS

ELMOREJAMES

GAZCOOMBES

HANSON

HEART

NILERODGERS

NITZEREBB

ONEILOVE

SCHOLZ

TEALEAFGREEN

TELECASTER

THEGUESSWHO

TOMMORELLO

TRAMLINES

Puzzle #30

ROCK MUSIC

```
S E O L E M E R T E H T R R L
B N J G B T A L X S T B Y N N
E V L F Z P G O D X S C A S U
D D B U S G S Q A E E A N N Z
W R Q W M F K T H B B C B F E
Y B E N A E K M A O X D I Q Y
N J S T C O N V E R G E N B W
C T F Q H L S O B N S R G I N
O G L I Y G D P Y T H I H L Q
L G A R Y N U M A N U V A L A
L A J R P Q G A Y M D D M Y X
I S T A T E R A D I O D M I L
N A M N O R I K H N U P X D V
S Z D E J O Y D I V I S I O N
G R E G O R Y I S A A C S L J
```

BASS	GREGORYISAACS	RYANBINGHAM
BILLYIDOL	IRONMAN	STARS
CONVERGE	JOYDIVISION	STATERADIO
DAUGHTER	KEANE	THETREMELOES
EDWYNCOLLINS	LUMEN	
GARYNUMAN	MAPS	

Puzzle #31

ROCK MUSIC

```
C  Q  T  E  N  G  A  M  R  E  T  S  N  O  M
K  F  R  E  D  D  I  E  K  I  N  G  N  G  F
N  W  X  N  Y  G  W  U  G  N  A  W  M  T  S
K  A  T  I  W  O  G  X  L  V  C  I  L  H  T
C  O  M  W  J  Q  M  K  X  O  P  R  E  E  A
K  T  C  O  R  L  U  N  Z  O  V  E  N  S  T
J  O  U  R  N  E  Y  O  O  X  F  D  N  T  E
J  T  B  M  H  H  G  O  D  S  O  T  Y  O  O
V  P  J  H  A  R  V  E  Y  Q  I  P  K  N  F
P  U  E  M  T  R  A  T  S  H  G  L  R  E  S
R  I  W  F  Z  Z  U  C  I  B  J  W  A  R  H
T  R  A  F  F  I  C  H  E  N  O  A  V  O  O
J  U  X  G  M  E  P  M  C  Q  N  B  I  S  C
N  O  I  T  U  L  O  V  E  R  E  H  T  E  K
X  S  K  K  O  Q  G  Q  A  I  A  O  Z  S  T
```

ALISONMOYET   LENNYKRAVITZ   THEREVOLUTION
BOBSEGER   MONSTERMAGNET   THESTONEROSES
CHENOA   NOMAN   TRAFFIC
FOXX   PJHARVEY   WIRED
FREDDIEKING   STARTMEUP
JOURNEY   STATEOFSHOCK

Puzzle #32

ROCK MUSIC

```
A F F M R A S C E N D A N C Y
H D I H S E N O J Y L L E K I
W O R M B B P D Z L Q O D D S
S A E E X I T R K Q G H Q W C
T O H D W S G B A F Z I G I O
T A O S L O D Y N H U N F L T
O P U G R O L J O T N D P L T
R W S U A E G K I U S E S I M
C Z E M T M K W C V T R B E C
H E S H J V S K E I M H M N K
E Z B D H D K E I R N A J E E
H Y N N E M N W U N D B R L N
A Z N Z S P T O Q L R N U S Z
A D L A H I D N Y W B Y A O I
C I G A M O G E W E R E H N E
```

ANDREWGOLD

ANOICE

ASCENDANCY

BENHARPER

BIGYOUTH

BLUESMAGOOS

FIREHOUSE

HEREWEGOMAGIC

HINDER

KELLYJONES

NICKLOWE

NIKKERSHAW

SCOTTMCKENZIE

TORCHE

WILLIENELSON

YNDIHALDA

Puzzle #33

ROCK MUSIC

```
I  V  N  K  L  M  B  K  E  U  H  P  U  P  W
A  B  P  O  L  N  R  A  A  A  R  I  P  A  Q
C  A  R  X  I  O  L  O  R  T  A  N  O  U  Z
C  W  E  E  D  G  F  H  T  W  M  C  P  L  Y
J  G  Y  Y  T  L  I  Z  E  S  Z  H  E  M  C
U  E  H  T  P  T  X  L  I  D  N  N  T  C  F
A  Z  T  E  C  C  A  M  E  R  A  I  C  C  W
O  H  Y  H  A  Y  I  N  C  R  G  O  A  A  O
O  Q  L  S  O  M  W  E  D  E  D  M  D  R  Z
E  G  D  E  L  S  Y  C  R  E  P  A  Z  T  B
S  E  I  B  M  O  Z  E  H  T  R  N  B  N  X
Q  I  S  O  U  L  S  A  V  E  R  S  W  E  Y
C  T  H  E  T  U  R  T  L  E  S  U  O  Y  D
N  O  V  E  Z  N  E  R  R  A  W  N  S  N  T
S  T  E  L  O  I  V  A  M  L  A  P  H  A  O
```

AZTECCAMERA   PALMAVIOLETS   THETURTLES
BADRELIGION   PAULMCCARTNEY   THEZOMBIES
BRAINSTORM   PERCYSLEDGE   WARRENZEVON
BRETTANDERSON   PINCH
GRIZFOLK   POPETC
MANSUN   SOULSAVERS

Puzzle #34

ROCK MUSIC

```
U V M I C H A E L F R A N K S
L V H P L D Z V V C V Q S Z F
L N O T P A L C C I R E T K U
N Q L G M V B O A F Q M D I D
L W V G P I G R U F F R H Y S
B R W I L D C H I L D U N Z D
F O W Y D L Y M M J Q I S K I
L I R K W E N I E T S M M A R
A W S E K E U R Y T H M I C S
M Y A W D R A R E G R H H C A
E A I R B O U R N E X I S C L
N M I I D T M J G B Z Y C N G
C C A S N H S S C M E S H L N
O U E V B B B R U N E S V N R
U K I N G C R E O S O T E F H
```

AIRBOURNE

BBBRUNES

BOREDOMS

DAVIDLEEROTH

ERICCLAPTON

EURYTHMICS

FLAMENCO

GERARDWAY

GRUFFRHYS

KINGCREOSOTE

METRIC

MICHAELFRANKS

RAMMSTEIN

WILDCHILD

Puzzle #35

ROCK MUSIC

```
V  P  S  R  A  E  F  R  O  F  S  R  A  E  T
A  R  L  Y  G  D  O  D  X  G  G  J  U  C  H
N  J  H  J  Q  B  W  X  F  K  W  T  P  C  E
M  S  L  L  O  Y  D  C  O  L  E  A  V  J  K
O  M  E  A  Y  H  T  K  D  B  U  X  P  W  I
R  R  S  N  W  U  N  O  R  A  Z  E  A  E  L
R  U  T  D  O  A  X  N  I  O  P  Z  M  Z  L
I  A  Z  K  T  J  N  A  Y  R  O  F  A  K  S
S  Q  R  K  G  V  M  D  O  C  T  W  U  J  E
O  J  A  C  I  T  E  O  P  D  A  E  D  A  P
N  W  H  O  H  E  W  V  T  W  E  S  I  M  I
Q  B  S  B  L  I  J  E  J  S  Q  V  H  U  I
I  T  D  S  X  M  V  R  Q  N  D  P  I  U  Q
Z  M  T  B  R  T  H  E  H  O  U  R  S  C  D
L  L  I  M  M  A  H  R  E  T  E  P  Y  Q  S
```

ARCHIVE	JOHNNYCASH	THEHOURS
DEADPOETIC	LLOYDCOLE	THEKILLS
DEVICS	MEW	TOMJONES
DODGY	PETERHAMMILL	VANMORRISON
DOVER	QUIETRIOT	
JAZZBOX	TEARSFORFEARS	

Puzzle #36

ROCK MUSIC

```
N  P  A  R  A  D  I  S  E  L  O  S  T  D  P
Y  I  X  P  S  J  G  R  E  B  W  A  C  I  M
R  N  A  Q  Z  E  P  A  Y  R  S  S  G  A  S
C  K  G  R  E  J  D  X  R  O  O  X  U  M  E
O  F  I  E  T  K  R  N  B  Y  F  G  U  O  S
N  L  N  N  R  T  G  Q  A  W  J  A  N  N  Y
H  O  O  Y  K  O  L  V  N  L  P  U  F  D  P
J  Y  M  I  G  S  B  U  G  F  N  Y  L  H  H
U  D  E  I  P  P  B  R  C  V  M  W  K  E  I
X  Q  O  K  P  R  I  S  A  D  F  K  A  A  S
G  S  V  L  D  I  O  N  M  N  U  N  H  D  H
C  C  L  S  K  G  A  G  A  T  A  O  E  S  K
A  C  I  L  B  U  P  E  R  R  G  H  L  F  N
Y  E  C  I  R  P  D  Y  O  L  L  W  L  C  Q
X  M  A  R  T  Y  F  R  I  E  D  M  A  N  U
```

ANARBOR   HELLA   PHISH
BANGCAMARO   KINKS   PINKFLOYD
CLOUDCULT   LLOYDPRICE   REPUBLICA
DAWNLANDES   MARTYFRIEDMAN   TRAIN
DIAMONDHEAD   MICAWBER
GARYJULES   PARADISELOST

Puzzle #37

ROCK MUSIC

```
U  E  N  O  T  S  A  T  T  E  S  O  R  F  P
N  N  U  G  R  E  T  E  P  W  D  V  L  X  Y
U  S  E  K  U  D  Y  O  B  M  A  E  H  T  F
L  X  B  F  K  E  I  T  H  U  R  B  A  N  O
I  R  I  D  I  A  N  A  R  O  S  S  I  L  Z
P  J  G  K  S  N  X  A  C  E  I  U  J  J  H
H  B  B  X  U  M  E  C  V  W  K  I  S  C  R
N  Y  L  M  C  A  V  L  S  O  O  K  S  A  C
B  C  A  S  E  R  O  C  S  G  N  J  F  T  W
O  L  C  L  W  T  S  V  F  G  M  O  Z  A  L
N  D  K  B  H  I  G  O  I  X  N  H  D  T  S
J  I  U  D  B  N  A  S  S  A  M  A  N  O  B
O  K  M  J  X  W  N  E  L  S  C  L  I  N  E
V  S  T  E  E  R  T  S  K  C  A  B  B  I  N
I  P  K  C  O  H  S  R  U  T  L  U  K  A  B
```

BACKSTREETS DIANAROSS PETERGUNN
BIGBLACK DONOVAN ROSETTASTONE
BONAMASSA IKON SCORES
BONJOVI KEITHURBAN THEAMBOYDUKES
CATATONIA KULTURSHOCK
DEANMARTIN NELSCLINE

Puzzle #38

ROCK MUSIC

```
T  H  L  A  L  O  S  C  H  I  F  R  I  N  U
C  Y  C  S  K  S  T  U  M  B  L  E  S  O  W
T  B  W  B  A  R  E  X  L  J  B  M  B  U  B
H  R  G  K  A  A  K  L  A  U  S  N  O  M  I
E  I  R  C  C  R  K  N  L  I  L  V  H  M  R
Y  D  M  W  A  O  R  A  G  E  L  Z  A  Y  L
A  T  M  N  F  R  R  Y  I  Z  P  E  F  J  W
R  H  H  R  I  P  B  K  M  C  D  Z  M  Z  Q
D  E  Y  L  V  M  B  O  N  A  I  P  S  A  C
B  O  Y  P  S  P  S  E  N  U  N  R  Z  G  J
I  R  K  H  S  Z  L  K  S  H  P  I  T  Z  C
R  Y  F  L  M  W  G  Z  P  T  O  Z  L  A  H
D  G  X  X  W  O  G  V  W  H  A  J  Z  O  P
S  F  A  O  L  F  O  S  R  E  H  C  R  A  W
D  T  N  E  I  L  H  A  L  S  T  E  A  D  J
```

ARCHERSOFLOAF	JAMELIA	PATRICIAKAAS
BARRYMANILOW	JAZZ	PUNKROCK
CARBON	KLAUSNOMI	STUMBLE
CASPIAN	LALOSCHIFRIN	THEYARDBIRDS
DRJOHN	LULU	
HYBRIDTHEORY	NEILHALSTEAD	

Puzzle #39

ROCK MUSIC

```
H  B  R  D  K  G  T  K  K  E  O  R  W  M  S
B  E  R  N  A  R  D  B  U  T  L  E  R  E  T
R  V  U  U  G  V  M  P  G  M  H  I  K  E  E
A  I  T  R  A  E  I  U  A  C  O  A  J  A  E
Y  R  H  K  S  I  Q  D  H  K  O  H  A  T  L
C  H  B  A  V  I  P  M  B  Y  R  L  B  O  P
H  N  R  W  M  T  S  N  P  Y  O  W  D  B  A
A  M  O  Z  R  S  F  I  Y  O  R  O  D  Y  N
R  O  W  I  B  C  C  J  R  M  Q  N  T  M  T
L  N  N  E  P  L  E  A  H  C  I  M  E  A  H
E  V  T  C  I  H  C  Y  S  P  A  J  I  C  E
S  X  G  R  E  B  L  E  G  O  F  N  A  D  R
D  J  M  A  D  A  L  E  H  A  W  K  I  N  S
E  E  S  T  O  O  R  S  S  A  R  G  E  H  T
M  U  O  N  Z  E  U  G  I  R  D  O  R  V  C
```

BERNARDBUTLER

CHINACRISIS

COLD

DALEHAWKINS

DANFOGELBERG

DAVIDBYRNE

DORO

LAKE

MICHAELPENN

PSYCHICTV

RAYCHARLES

RODRIGUEZ

RUTHBROWN

STEELPANTHER

THEGRASSROOTS

TOBYMAC

Puzzle #40

ROCK MUSIC

```
P O H S I B N I V L E N P G D
E P T H E F O O L Z V Y J A Q
T R F O L O R T A P W O N S A
O J R I T S D N O M S O E H T
M W K N K S K R A P X E L A D
S E Y A H C A A S I B U E N H
A G Y R I M J A T S Y B I I U
W T F B M A C H I N E H E A D
Y I L I U L X D L O F E H T X
E X R A M D R A H C I R T W A
R Q V L R L G P G Q T H B A M
M F S H C H R I S R E A J I L
V D E S U B Q Y E K Z U Y N E
E F A S T B A L L T N D C O L
X P I E I S E S O R N S N U G
```

ALEXPARKS   GUNSNROSES   THEFOLD
BUDGIE   ISAACHAYES   THEFOOL
CHRISREA   MACHINEHEAD   THEOSMONDS
ELVINBISHOP   RICHARDMARX   TOMSAWYER
FASTBALL   SHANIATWAIN
GOYA   SNOWPATROL

Puzzle #41

ROCK MUSIC

```
Z  K  P  W  P  I  X  Q  C  V  Z  J  W  K  W
Y  O  Z  A  C  K  D  E  L  A  R  O  C  H  A
D  R  U  L  B  E  M  A  C  Y  K  H  D  J  T
I  L  E  A  N  N  R  I  M  E  S  N  X  I  H
S  D  N  V  I  H  F  T  L  F  W  L  M  Q  E
T  L  V  O  O  Q  Q  S  O  O  Z  E  U  C  S
U  G  D  B  O  C  N  J  G  K  W  N  N  C  T
R  A  E  E  J  S  S  V  N  Q  I  N  S  M  O
B  L  K  K  H  N  L  I  A  B  P  O  T  S  O
E  A  O  S  Q  I  M  L  D  H  C  N  B  V  G
D  T  T  A  A  U  D  R  E  Y  H  A  L  L  E
C  D  S  S  E  J  C  E  R  W  I  J  T  L  S
J  G  R  A  H  A  M  C  O  L  T  O  N  Q  L
S  N  I  L  L  O  C  L  I  H  P  E  R  V  I
A  Q  Y  T  D  V  R  E  N  R  U  T  G  T  O
```

AUDREYHALL GRAHAMCOLTON POTS
BLUR HIDE THESTOOGES
BOIKOT JOHNLENNON TURNER
DISCOVERY LEANNRIMES ZACKDELAROCHA
DISTURBED MILOW
GETWELLSOON PHILCOLLINS

Puzzle #42

ROCK MUSIC

```
G E K N G I L B E R T O G I L
R T Y S M A L L F A C E S K I
E H C A P R B V M U K X W B N
T N C A R O L E K I N G E Z T
S N I L R E B G O A A A P X W
C H O W E B B F D L S Y S E N
H G W I L D O N S N A E M O N
G V K K S I Y N E U A S Y E Z
L Q E L X S R I L R M B I K M
D C Y H S Y A P A E L I E L P
W Q V V Q F A P A A A U R H S
N O M Y L E I K N A R F G P T
S B H S I L G N E N R E D O M
S I T R U C E I T A C O N L X
T M R D R O W N I N G P O O L
```

APRILWINE	FRANKIELYMON	PASSION
BERLIN	GILBERTOGIL	PRIMUS
CARBONLEAF	GRETSCH	SMALLFACES
CAROLEKING	LISALOEB	THEBAND
CATIECURTIS	MODERNENGLISH	
DROWNINGPOOL	NOMEANSNO	

Puzzle #43

ROCK MUSIC

```
V  A  F  Y  V  A  S  S  E  L  X  G  K  W  H
Z  S  Y  O  B  Y  L  E  N  O  L  S  O  L  W
P  S  H  H  U  S  K  S  A  N  G  Z  H  Q  T
S  D  E  A  C  B  N  X  E  T  A  J  I  K  X
I  A  Q  L  P  A  W  R  U  F  R  G  V  H  Z
O  C  G  Z  B  E  B  D  O  W  N  I  G  L  H
J  S  W  E  S  M  R  R  I  H  X  X  N  R  A
T  Z  T  W  V  I  A  D  E  L  E  V  X  A  X
H  R  X  E  N  S  E  H  O  U  R  C  V  C  E
E  Z  O  S  V  X  A  R  S  Q  A  H  U  U  L
B  E  D  D  I  E  F  L  O  Y  D  N  K  R  I
E  G  B  U  X  R  H  S  G  D  B  K  A  O  B
A  L  A  N  I  I  V  O  K  S  N  A  L  D  S
S  T  A  R  S  H  I  P  W  X  V  A  B  H  B
T  S  D  I  A  M  Y  T  T  E  R  P  N  K  N
```

ADELE	GLASVEGAS	SHAPE
BABYSHAMBLES	LESSAVYFAV	STARSHIP
BRUCEHORNSBY	LOSLONELYBOYS	STEVEHOWE
DANAUERBACH	NANDOREIS	THEBEAST
DOWN	PRETTYMAIDS	
EDDIEFLOYD	PVRIS	

Puzzle #44

ROCK MUSIC

```
R Y E S R O D E E L R R T V O
J D T R L D L Q A S M L V C I
R S E O F P O H E Z U B Q G V
D O S L B F L I D D T K G G U
S B Y A A I I G K V G T O H O
T I U C M M R S T B U G J R Q
D L B K L K I C I N N J R H K
W L O G T A C T R B I E T O N
G Y C E R F R N R A A L F A E
D O U K M G L K A I M L S D D
E C B X Z M H E D L E Y A S S
V E G A B R A G I U B F R X B
F A K N S K Z B E S J I J W A
G N R E V T H E O R Y S O N R
N E V I R D R E V O Y H P S G
```

BILLYOCEAN

BIS

BLANCKMASS

DELAMITRI

GARBAGE

HEDLEY

JELLYFISH

KROKUS

LABISIFFRE

LEEDORSEY

MARCRIBOT

OVERDRIVEN

REVTHEORY

RHOADS

ROYCLARK

SLINT

Puzzle #45

ROCK MUSIC

```
L  C  C  R  Y  P  M  A  R  T  R  E  P  U  S
Q  S  S  R  H  A  D  E  P  O  P  V  H  J  U
P  J  L  Y  B  Y  R  D  S  C  Y  O  A  M  M
X  A  A  W  K  L  T  G  D  H  X  B  P  M  I
N  R  G  L  L  E  G  H  E  R  L  R  P  O  K
J  S  J  A  Y  F  Q  A  M  I  W  D  O  T  E
I  O  Z  A  F  A  U  N  T  S  B  S  R  H  D
S  R  N  Q  F  J  L  E  T  D  Q  O  A  E  O
Y  P  E  B  T  N  T  I  P  E  I  L  D  R  U
R  L  T  N  O  V  E  M  Q  B  F  G  I  E  G
R  A  U  Y  E  N  K  V  N  U  D  D  O  A  H
A  Y  N  G  Q  C  J  T  W  R  I  R  L  R  T
R  E  U  B  O  Q  A  O  H  G  X  D  C  T  Y
L  P  U  C  P  A  V  R  V  H  C  R  O  H  F
V  I  R  T  U  O  S  O  A  I  M  N  J  V  X
```

BYRDS

CHRISDEBURGH

DOBIEGRAY

FAUNTS

HAPPORADIO

IRENECARA

JONBONJOVI

LAYLA

LIQUIDO

MIKEDOUGHTY

MOTHEREARTH

POPEDA

RHYTHM

SUPERTRAMP

VIRTUOSO

Puzzle #46

ROCK MUSIC

```
A  J  O  H  N  P  R  I  N  E  P  H  W  J  A
L  L  Y  F  K  K  A  N  F  E  U  Y  N  S  J
R  T  C  G  K  D  S  E  V  P  V  W  K  Z  U
R  A  H  X  B  M  H  C  H  B  C  I  E  D  H
U  T  L  A  B  J  L  Z  N  N  O  O  L  Y  W
V  H  D  L  R  I  E  I  N  T  E  R  P  O  L
E  E  K  S  S  S  Y  Y  Z  Q  T  G  P  Z  R
R  D  M  C  E  A  T  M  E  O  H  G  O  K  U
W  R  A  A  O  B  I  R  A  T  I  O  N  M  G
O  U  P  I  J  R  S  N  A  R  I  W  T  F  I
R  M  E  Z  R  M  D  X  T  Y  E  H  U  Z  E
L  S  S  Y  P  J  A  I  G  S  C  T  W  U  N
D  G  Y  C  B  Q  L  R  K  D  J  A  N  T  G
K  N  U  H  C  R  E  P  U  S  U  T  T  I  E
M  V  X  W  T  T  E  R  R  A  B  D  Y  S  W
```

ALLSAINTS

ASHLEYTISDALE

IMOGENHEAP

INTERPOL

IRATION

JOHNPRINE

KIDROCK

OLIVE

RAMJAM

STRAYCATS

SUPERCHUNK

SYDBARRETT

THEDRUMS

UVERWORLD

WHITEY

WINTER

Puzzle #47

ROCK MUSIC

```
X  S  P  A  N  D  A  U  B  A  L  L  E  T  C
F  D  W  O  C  K  R  E  B  D  A  D  I  B  T
K  R  E  P  P  I  Z  Y  O  J  O  O  C  V  S
A  T  U  R  B  T  R  A  T  S  R  M  O  I  J
D  V  W  J  I  E  R  E  R  R  U  E  N  V  W
O  L  I  Q  B  N  T  U  M  H  A  I  F  I  U
S  E  M  L  O  H  D  I  V  A  D  I  O  D  P
Y  O  V  F  A  S  S  O  H  T  Y  M  R  E  V
N  D  B  E  S  S  H  M  T  W  S  C  H  O  H
D  A  Y  T  R  I  P  P  E  R  T  T  I  Q  M
G  Q  I  H  E  C  W  F  C  G  X  A  R  K  C
B  Y  U  Q  U  D  L  L  V  B  Q  R  E  A  L
B  S  P  M  A  H  C  E  H  T  I  T  B  R  P
B  R  L  L  E  B  P  M  A  C  N  E  L  G  G
M  R  E  M  L  M  U  H  Y  R  Z  X  A  F  I
```

AMERICA	GREATWHITE	SPANDAUBALLET
ARTBRUT	ICONFORHIRE	STRAP
DAVIDHOLMES	JOYZIPPER	THECHAMPS
DAYTRIPPER	MORIARTY	VIVID
EVERCLEAR	MYTHOS	
GLENCAMPBELL	SALIVA	

Puzzle #48

ROCK MUSIC

```
Z  R  Q  T  H  E  E  A  R  L  I  E  S  P  Z
R  B  U  U  B  G  J  Z  C  E  D  D  W  O  G
Z  U  Z  O  V  N  S  T  F  Z  X  A  R  W  N
D  N  E  P  F  Q  C  F  V  T  J  P  O  D  R
V  J  Y  F  V  F  O  N  Z  X  J  X  Y  E  N
W  H  A  F  S  N  O  S  R  A  P  M  A  R  G
R  Y  E  N  X  L  T  G  E  R  J  H  L  F  Q
U  G  Z  E  G  A  E  K  N  Q  L  U  R  I  Y
D  N  E  P  Q  O  R  J  L  A  V  A  E  N  V
F  L  I  P  S  Y  D  E  M  A  G  W  P  G  J
S  C  T  X  M  N  T  J  E  A  T  W  U  E  S
T  H  E  T  H  E  R  M  A  L  S  K  B  R  M
M  O  V  E  O  N  U  P  V  N  C  C  L  Y  Q
O  E  E  R  A  G  U  S  P  K  G  N  I  A  P
B  B  Q  O  I  B  R  O  N  C  H  O  C  S  T
```

BRONCHO	MOVEONUP	THEEARLIES
DJANGODJANGO	POWDERFINGER	THETHERMALS
FLIPSYDE	ROYALREPUBLIC	
GANGOFFOUR	SCOOTER	
GRAMPARSONS	SUGAREE	
JMASCIS	TALKTALK	

Puzzle #49

ROCK MUSIC

```
S N V V O G N I O B O G N I O
P U X N I G N U O Y S U G N A
E P I R W I N B L B V M M F M
T R C R E E D R F R E Y D D C
E C Z Y A H A S Q J S G L Q L
R X W P B D P T S B A Y L G A
F C T F L X U O N U Y J Q K U
R J S O U U I X T E Y O R U G
A E T R L B A V J S M K Y R H
M V P L O C T P X E I E F C L
P B A P Q O G U S T E R V G I
T P L H O B D W D E S S H A N
O G D R R R K E O T L N I C P
N V E W K I C C H X O F S C M
Y T R E H O D R E T E P J D O
```

ANGUSYOUNG
CHRISTOPHER
CREED
CROPPER
DARIUS
DIIV

GUSTER
JOKER
KYUSS
LESPAUL
MCLAUGHLIN
OINGOBOINGO

PAVEMENT
PETERDOHERTY
PETERFRAMPTON
THEDOORS

Puzzle #50

ROCK MUSIC

```
L  K  T  H  E  B  E  T  A  B  A  N  D  H  M
R  I  C  H  I  E  S  A  M  B  O  R  A  C  L
Q  M  E  D  R  N  Y  K  S  D  R  Y  N  Y  L
S  E  D  R  O  C  N  O  C  T  Z  R  T  E  G
H  V  R  E  K  A  M  T  I  H  B  A  G  J  K
A  H  K  Y  E  M  I  L  Y  H  A  I  N  E  S
W  J  E  S  R  O  M  L  A  E  N  U  V  Y  W
N  J  V  C  D  U  S  T  E  R  D  W  Q  Q  C
M  K  S  R  U  F  B  X  Q  E  E  O  X  J  C
E  E  L  R  Z  L  N  O  C  U  V  N  O  W  Y
N  Z  H  Z  P  A  X  P  F  E  N  I  U  G  H
D  E  M  T  U  G  X  H  Q  W  Z  S  L  L  B
E  D  G  F  H  E  Y  R  O  S  E  T  T  A  C
S  P  M  I  P  R  E  K  A  E  N  S  Z  N  G
D  L  E  H  R  E  V  L  O  V  E  R  M  U  Y
```

ALIVE	HEYROSETTA	SHAWNMENDES
BGOODE	HITMAKER	SNEAKERPIMPS
CAMOUFLAGE	LYNYRDSKYNRD	THEBETABAND
CONCORDE	NEALMORSE	THEM
DUSTER	REVOLVERHELD	
EMILYHAINES	RICHIESAMBORA	

Puzzle #51

ROCK MUSIC

```
O  Y  L  P  D  P  L  M  F  J  N  A  X  V  M
F  P  A  Z  F  W  I  D  V  E  M  H  G  P  C
P  F  G  S  V  T  T  T  D  E  O  L  T  L  Z
S  N  I  K  A  T  E  H  C  B  L  I  D  K  D
L  F  A  O  X  X  Z  G  E  H  E  V  Z  Y  J
E  O  F  P  U  M  O  U  N  S  A  N  E  Q  J
P  A  L  E  S  A  I  N  T  S  E  R  D  T  U
O  T  I  S  R  E  D  D  I  N  G  E  I  P  E
J  Y  L  T  O  D  A  K  L  O  P  B  D  O  Z
L  E  E  R  T  C  I  T  S  A  L  P  I  S  B
M  Z  Y  R  R  E  P  Y  T  A  K  Y  K  C  P
U  A  V  Y  E  L  E  B  E  R  L  E  B  E  R
M  H  Y  O  I  P  W  U  R  P  D  W  W  E  Y
I  B  I  R  O  K  Y  E  R  I  C  K  S  O  N
I  N  H  E  G  R  O  E  G  Y  O  B  M  R  G
```

BEND	PALESAINTS	SAXON
BOYGEORGE	PITCH	THESEEDS
CHETAKINS	PLASTICTREE	UNSANE
KATYPERRY	POLKADOT	VELVET
MIDLAKE	REBELREBEL	
OTISREDDING	ROKYERICKSON	

Rock Music Wordsearches

Puzzle #52
ROCK MUSIC

```
J A C S R E K C U S R E P U S
A O T D V C G F B V M P O H C
C A S H W D D A I G M X W G U
K B L I T T L E R I C H A R D
N W F N L H O W D Y R L X Q V
I A S U O Y A L S V M E V J P
T L F H U E Z O O E P O F I M
Z H W A X W N S F A N T O I T
S J U E I T U N T F B I F R C
C N M E T R O N O M Y K H R E
H T U Z H N C A K E B O B S O
E R E Y A S A E Y I N M B M E
S S A B E L B U O D S O E I Z
M S E N O Y L E V I L E H T I
G N A T S G A J C Y D V P K P
```

BIRDSOFTOKYO   JAGSTANG   THAO
CAKE   LITTLERICHARD   THELIVELYONES
CASH   METRONOMY   YEASAYER
DOUBLEBASS   NEONNEON
GARYMOORE   SHINES
JACKNITZSCHE   SUPERSUCKERS

Puzzle #53

ROCK MUSIC

```
Q  K  S  E  L  P  P  A  R  E  V  L  I  S  I
A  I  J  E  P  G  F  T  O  Z  R  I  M  G  T
R  D  J  X  A  C  U  S  H  D  F  N  P  X  D
R  S  U  I  T  M  O  S  N  E  Y  D  G  J  F
F  U  Y  F  L  X  F  K  H  W  C  S  S  W  O
N  B  S  A  O  S  I  N  O  K  N  A  S  X  G
V  R  T  F  W  R  E  N  P  X  P  Y  R  E  G
N  O  P  H  L  B  E  D  E  U  G  L  D  S  Y
D  B  F  D  E  A  U  O  E  F  F  O  D  O  N
W  E  Y  T  V  N  T  S  O  L  Y  H  J  V  O
F  R  I  L  V  Z  I  T  E  U  A  A  T  W  T
I  T  Z  Q  J  F  B  C  O  H  M  N  C  X  I
F  S  N  L  D  H  Q  E  E  P  T  I  G  L  O
W  O  Z  B  X  T  K  C  O  M  M  A  H  E  N
Z  N  H  N  S  E  L  G  N  A  B  E  H  T  S
```

FENIXTX	ILSEDELANGE	THEBANGLES
FLATTOP	LINDSAYLOHAN	THECARS
FOGGYNOTION	ODYSSEY	THENICE
HAMMOCK	ROBERTSON	THESUBWAYS
HIM	SAOSIN	
HOPE	SILVERAPPLES	

Puzzle #54

ROCK MUSIC

```
C  C  J  S  F  P  P  S  W  B  Q  E  J  M  P
X  D  G  C  E  J  B  R  X  C  V  K  I  H  E
M  Q  A  W  R  I  U  N  Z  J  U  G  C  K  N
S  I  F  E  W  E  S  T  O  G  K  N  X  H  T
X  E  K  F  H  C  T  O  R  R  D  H  U  R  A
L  O  E  E  O  T  I  T  P  A  T  J  K  G  G
L  A  I  B  P  W  E  S  A  E  H  Y  R  I  R
L  Y  I  O  A  A  E  K  U  M  H  H  D  X  A
N  O  U  C  N  C  T  R  C  M  I  T  T  A  M
R  H  N  M  E  A  C  T  G  U  Y  T  F  E  L
A  E  C  G  A  P  M  A  O  I  B  X  N  O  B
Q  Y  B  N  V  R  S  R  M  N  T  D  O  A  F
T  K  Z  M  A  I  I  D  E  E  G  E  I  R  R
K  P  B  C  A  Q  E  A  E  H  H  A  L  Y  C
T  I  R  P  F  T  V  W  V  R  U  T  L  Z  A
```

AMBER	LETIGRE	ROXYMUSIC
ANTIMATTER	LONGVIEW	THEMACCABEES
BETHHART	MARIA	THEPOSIES
BUCKETHEAD	MIKEPATTON	
HERMANO	PENTAGRAM	
LADYTRON	REDSPECIAL	

Puzzle #55

ROCK MUSIC

```
W  R  P  L  T  G  V  D  L  O  G  H  C  U  S
D  L  B  R  V  T  R  T  O  B  J  E  M  V  O
U  H  W  U  G  H  K  I  O  E  B  V  L  N  C
D  Z  S  W  O  R  C  G  N  I  T  N  U  O  C
A  O  H  I  A  E  Q  T  X  D  R  D  R  P  V
V  H  M  W  L  P  M  Q  T  H  E  C  H  A  P
E  R  I  A  E  G  A  Q  R  E  E  R  B  M  B
G  F  I  E  X  L  N  W  S  H  J  C  M  A  D
R  R  O  Q  T  X  M  E  E  X  T  N  K  A  H
O  E  W  Z  U  X  A  U  D  W  S  V  A  T  N
H  E  K  X  R  P  N  J  Z  A  N  D  O  O  J
L  B  D  G  N  C  H  R  I  S  B  E  L  L  J
P  I  T  O  E  B  X  M  O  B  Y  Q  W  H  I
S  R  H  N  R  S  E  T  N  A  T  U  M  S  O
S  D  W  T  B  U  O  D  O  N  H  H  Y  T  C
```

ABC	FREEBIRD	OSMUTANTES
ALEXTURNER	GRINDERMAN	RIOTV
BADENGLISH	JOANJETT	SUCHGOLD
CHRISBELL	MANMAN	THECHAP
COUNTINGCROWS	MOBY	
DAVEGROHL	NODOUBT	

Puzzle #56

ROCK MUSIC

```
S  X  C  O  J  K  P  J  X  Y  W  N  R  R  H
D  W  O  T  A  P  N  V  V  J  O  R  U  M  W
B  J  H  N  E  S  O  U  T  H  V  N  C  X  G
N  C  H  P  N  T  D  P  P  Z  C  V  A  C  W
U  D  B  T  Q  E  L  A  E  X  W  X  S  E  S
T  D  A  R  R  E  L  L  L  V  Y  E  S  D  I
F  Z  S  V  S  S  P  E  W  E  I  F  M  M  A
W  W  T  T  E  C  J  N  I  H  G  L  C  T  O
R  U  R  T  V  D  I  S  L  N  Z  N  C  W  X
I  F  O  J  M  I  A  C  W  N  E  O  D  T
P  Y  K  A  F  P  N  V  O  Z  A  A  M  P  N
W  B  E  K  C  Y  V  C  I  M  H  C  B  O  S
A  L  S  T  S  L  I  D  E  E  R  L  S  I  G
G  J  P  Z  D  W  I  I  X  N  S  A  F  J  D
B  L  O  W  B  Y  B  L  O  W  T  I  H  N  Y
```

ANNIELENNOX	HARMONIC	SPONGE
BLOWBYBLOW	PALE	STROKES
CASSMCCOMBS	POPEVIL	STVINCENT
DARRELL	PUNK	WILCO
DAVEDAVIES	SLIDE	
GOMEZ	SOUTH	

Puzzle #57

ROCK MUSIC

```
N  A  T  O  K  I  Z  C  N  Z  A  A  T  F  X
E  L  G  U  B  F  F  K  B  X  U  X  C  N  E
U  F  L  E  O  U  E  D  U  K  Y  L  X  O  V
H  C  J  U  I  R  C  T  Z  O  I  M  W  M  J
D  W  C  W  N  C  P  K  H  T  N  A  C  B  O
E  Y  N  A  S  A  A  S  I  A  Z  A  X  E  B
P  I  U  A  M  N  T  N  B  N  T  U  T  R  S
O  S  G  E  L  E  U  I  A  A  G  L  F  O  T
P  B  P  O  F  L  L  G  C  S  F  H  A  M  J
H  M  N  S  O  S  A  M  G  S  U  E  A  D  E
G  S  P  J  M  B  O  Y  F  N  O  G  R  M  Y
C  F  Y  O  T  T  I  A  R  Z  U  U  A  P  Y
N  R  O  P  C  H  E  X  O  A  E  O  L  L  T
K  F  Z  J  T  A  S  T  E  S  G  Q  Y  F  Y
Q  X  G  D  A  V  E  A  L  V  I  N  V  U  V
```

ANOUK	GARYALLAN	RAITT
ASH	JOTA	TASTE
BOOGIE	LAGUSANACIEGA	THATLADY
BUCKINGHAM	LUNATICSOUL	YOUNGGUNS
CAMEL	OSI	
DAVEALVIN	PREFABSPROUT	

Puzzle #58

ROCK MUSIC

```
F  C  I  T  S  U  O  C  A  T  N  Z  B  X  J
G  D  R  P  Y  M  E  N  E  C  I  L  B  U  P
M  C  O  E  V  Z  R  M  O  E  A  L  M  K  X
U  S  C  E  K  S  C  H  B  M  L  Q  R  J  M
E  K  R  P  N  C  H  Q  N  Z  J  A  M  U  D
M  L  C  E  A  D  E  S  U  F  E  R  T  F  L
Y  L  E  O  N  H  Y  H  L  I  M  G  U  I  S
O  G  R  G  R  N  O  C  C  A  R  E  A  J  R
A  S  T  S  E  N  A  U  J  Y  I  K  W  R  J
J  R  E  P  W  O  O  M  D  A  B  N  A  M  F
S  K  O  V  Y  T  V  I  D  E  H  B  J  D  N
S  B  W  A  R  T  S  E  L  A  A  G  U  Q  J
Y  S  K  S  T  G  M  G  T  S  B  I  T  H  Z
H  W  B  P  S  I  W  A  X  A  W  K  M  K  C
E  N  G  M  C  S  R  D  P  V  K  A  F  U  P
```

ACOUSTIC   MONO   STRAWBS
BADMANNERS   PUBLICENEMY   WAX
CHUBBYCHECKER   RAGE
JUANES   REFUSED
KATEVOEGELE   RITALEE
LIONROCK   RITAORA

Puzzle #59

ROCK MUSIC

```
D F U Y T H E C R E A T I O N
D Y E W I I I D D J I E S W Y
E E L S U R I A E S I L E E C
J U L A O R D J A A B E L F U
D P A A N V T L A H D C J M S
T E E E H E A C A M O T Z H N
H I E T R W E R Y R A R O B K
E R S R E R E L B F O I N M Z
Z E E Y H R A H L S B C C N E
U A L Z D U C J T O O S E A H
T R B Y E Z N E L D C I M H M
O V E I M E A T T A I X D Q T
N V H D S M W J E E Z A G N T
S C B Q D T O T T R R N S F I
N C E Z W C Z T X C K A U O D
```

ALJARREAU	ELIS	THECREATION
COLLEEN	INDIOSBRAVOS	THEZUTONS
DEADTOME	JAMAICA	TOMMYLEE
DEERHUNTER	PETERCETERA	WEEZER
DYLAN	SAIDTHEWHALE	
ELECTRICSIX	THECORAL	

Puzzle #60

ROCK MUSIC

```
W D J P O R T B L U E A K N D
T D G E O R G I E F A M E N N
S N J E R R Y L E E L E W I S
P W B U I X U I X H A U D W O
O A T E P N W O R U O Y E B K
O X R U V T Y B B S F S A Z Z
K G D O Z E Q K E X H O N I K
Y C P U R P L E S L E Y R O Y
T N F S C I N O S E H T N X X
O C Y K H I G H O N F I R E Y
O B G T T I B B A R E I D D E
T O N O I S S I M E H T E H J
H R G R I Z Z L Y B E A R K S
E I W O B D I V A D O A X K E
E S E V O L I L A S D G Z M T
```

ALILOVE   HIGHONFIRE   THEMISSION
BEYOUROWNPET   JERRYLEELEWIS   THESONICS
DAVIDBOWIE   LESLEYROY   UFO
EDDIERABBITT   PORTBLUE   XIUXIU
GEORGIEFAME   PURPLE
GRIZZLYBEAR   SPOOKYTOOTH

Puzzle #61

ROCK MUSIC

```
X  K  Z  X  G  A  L  L  A  G  H  E  R  Z  N
T  G  F  W  Q  M  R  T  T  R  J  G  K  K  W
A  C  R  E  U  P  A  L  E  V  A  L  R  W  E
E  R  G  Y  F  A  N  F  A  R  L  O  H  T  O
Y  D  W  S  L  P  E  U  D  F  X  D  U  L  C
L  E  K  F  B  L  C  S  R  P  L  O  U  I  E
C  A  U  M  G  I  O  Q  E  R  X  R  E  N  M
D  N  T  Z  B  E  R  H  W  M  E  W  M  K  E
U  T  G  X  T  J  N  C  Y  Z  E  B  Q  W  U
Y  A  U  Z  Y  P  E  E  E  D  O  N  M  R  R
U  Y  G  D  N  T  R  H  S  H  D  E  Y  A  C
Q  L  V  E  K  A  S  M  Y  I  T  U  N  Y  U
U  O  F  P  M  A  H  K  C  Q  S  W  B  E  R
C  R  P  D  G  O  O  D  S  H  O  E  S  G  A
F  E  I  F  G  I  P  S  Y  K  I  N  G  S  E
```

AMBERRUN	GIPSYKINGS	OMEGA
BUDDYHOLLY	GOODSHOES	RDEANTAYLOR
CORNERSHOP	LAVELAPUERCA	STYX
FANFARLO	LINKWRAY	THECRIBS
GALLAGHER	LOUIE	
GENESIS	NEMESEA	

Puzzle #62

ROCK MUSIC

```
M  R  E  O  S  P  E  E  D  W  A  G  O  N  D
A  V  G  H  U  J  V  X  O  O  B  R  F  A  V
P  Y  T  H  E  D  E  A  R  H  U  N  T  E  R
L  A  T  E  O  F  T  H  E  P  I  E  R  G  L
E  U  D  I  W  T  S  E  S  R  A  Y  R  F  B
A  M  U  D  H  O  N  E  Y  X  F  A  K  X  Z
R  B  I  L  D  E  R  B  U  C  H  H  J  A  N
B  X  N  M  A  E  R  C  M  H  P  K  M  R  E
I  G  N  O  I  T  I  D  N  O  C  T  N  I  M
K  G  J  E  K  E  R  E  K  O  E  L  E  K  L
L  O  S  H  E  R  M  A  N  O  S  G  L  H  Y
I  R  A  S  T  A  L  L  A  S  L  I  O  N  S
D  M  H  B  U  L  U  A  C  S  U  M  L  I  N
I  K  A  S  A  E  U  X  F  Q  E  W  B  L  B
Y  V  L  B  B  E  A  N  O  B  U  R  S  T  A
```

ALLISONCROWE
ASTALLASLIONS
BEANOBURST
BILDERBUCH
CREAM
FRYARS

KELEOKEREKE
LATEOFTHEPIER
LOSHERMANOS
MAPLE
MINTCONDITION
MUDHONEY

OHGR
REOSPEEDWAGON
SUMLIN
THEDEARHUNTER

Puzzle #63

ROCK MUSIC

```
B  K  Y  T  R  A  P  D  L  R  O  W  P  Q  W
T  U  A  R  H  V  F  H  Y  S  A  E  A  F  E
X  V  V  V  V  T  H  E  A  N  A  L  O  G  S
N  V  W  D  A  M  O  N  A  L  B  A  R  N  D
G  F  G  B  U  Z  Z  I  P  T  L  U  S  M  T
T  W  I  N  G  N  I  Y  D  F  O  T  R  A  R
W  H  J  R  I  D  E  Q  D  E  U  S  U  Q  E
M  P  E  I  E  K  W  F  R  N  V  F  W  H  T
A  U  P  F  M  F  B  N  J  O  A  R  J  G  Z
N  L  I  I  A  N  L  B  U  A  T  K  U  Y  I
D  I  E  U  R  I  O  I  E  S  O  K  K  C  Z
P  R  Q  U  C  F  N  I  G  W  M  K  G  H  N
N  C  F  S  H  M  A  T  R  H  G  A  U  B  Z
H  K  T  D  L  I  S  M  G  A  T  W  I  O  T
Q  O  K  A  N  A  V  R  I  N  O  A  G  E  L
```

ARTOFDYING
AUGIEMARCH
BBKING
BUZZ
CURVED
DAMONALBARN

DEUS
FIREFLIGHT
FRIPP
JIMNOIR
NIRVANA
NOAGE

THEANALOGS
THEFAINT
VIHUELA
WORLDPARTY

Puzzle #64

ROCK MUSIC

```
V  D  W  Y  D  H  X  B  F  M  K  V  C  R  X
H  D  J  I  M  I  H  E  N  D  R  I  X  C  M
Q  T  I  Y  K  A  X  F  W  Q  P  S  A  P  P
P  W  A  O  A  Q  S  I  X  X  O  P  W  N  R
U  P  I  M  V  C  E  P  E  M  G  L  T  R  I
U  A  L  A  I  O  I  S  J  C  W  Y  I  V  N
W  N  L  R  Z  L  E  D  O  O  H  P  B  D  C
Z  D  K  T  P  D  I  M  N  M  F  I  X  Q  E
E  A  E  I  I  K  H  M  O  I  A  T  C  I  B
E  B  A  K  K  D  M  V  M  R  C  R  X  K  U
Y  E  D  A  N  G  E  R  D  A  N  G  E  R  S
Y  A  J  N  N  I  U  G  C  M  N  U  H  A  T
B  R  O  W  N  S  U  G  A  R  A  U  P  V  E
X  C  V  F  O  O  T  Y  X  D  A  A  E  M  R
Y  J  K  C  A  L  B  N  I  K  C  A  B  L  R
```

ASP	IMMANUEL	PANDABEAR
BACKINBLACK	INDICA	PRINCEBUSTER
BROWNSUGAR	JIMIHENDRIX	PSAPP
DANGERDANGER	MAREA	ROMEOVOID
DIXIECHICKS	MARTIKA	
HOOD	MCGUINN	

Puzzle #65

ROCK MUSIC

```
N  I  E  N  E  L  B  A  R  C  E  L  O  N  A
L  A  T  H  E  L  I  B  E  R  T  I  N  E  S
I  U  M  B  D  Q  P  N  D  J  D  M  G  S  P
V  D  U  U  I  N  L  R  U  E  T  I  R  A  L
I  S  T  I  D  C  U  L  U  S  T  E  G  L  L
N  B  V  L  N  H  E  O  A  P  O  T  J  G  X
G  H  P  T  W  Y  N  H  W  H  P  D  E  V  P
C  A  R  T  H  U  R  C  O  N  L  E  Y  R  U
O  I  P  O  L  Z  I  N  X  U  U  Y  E  E  F
L  C  L  S  P  M  Q  N  Z  W  S  D  R  D  J
O  Q  B  P  L  M  R  M  I  S  T  E  R  A  E
U  G  N  I  L  E  E  F  E  H  T  V  Q  A  D
R  G  M  L  M  Q  C  H  I  I  Z  T  Q  H  R
Y  O  J  L  S  S  A  B  E  H  T  B  M  O  B
D  R  Y  N  Y  K  S  D  R  Y  N  Y  L  L  J
```

ARTHURCONLEY	DUMAN	NIZLOPI
BARCELONA	FRETTED	THEFEELING
BOMBTHEBASS	ICEHOUSE	THELIBERTINES
BUILTTOSPILL	LIVINGCOLOUR	UNWOUND
DARYLHALL	LYNYRDSKYNYRD	
DEEPPURPLE	MRMISTER	

Puzzle #66

ROCK MUSIC

```
R E E N O T U T Y M M O T F A
U R E K C A R K E L C N U W C
W Y Q W I T R Z A E V C V Y U
V S L U P Q H V H O U I N J S
S I S P L I T E N Z E S B F Y
V N O N N E L N A E S Y L U B
T F E E I V H T A N X B W T L
H U N W Y A B S E M A J M Z A
E L X F O N R R I L M M C D C
M O M Z P G M B P G T G Q L K
E A A R E Q I Y D Y E P K P D
T C H U C K R A G A N T L M O
R B V S V I O C R S B P U C G
O M P L I Q B Z A C I L P E R
S M N X Q K S J M H Z X I Z E
```

BADBRAINS	NOFX	THEMETROS
BLACKDOG	REPLICA	TOMMYTUTONE
CHUCKRAGAN	SEANLENNON	UNCLEKRACKER
CRAIGOWENS	SINFUL	WYEOAK
GISH	SPLITENZ	
JAMESBAY	TEN	

Puzzle #67

ROCK MUSIC

```
X  H  A  L  F  J  A  P  A  N  E  S  E  J  T
H  U  F  A  J  Q  P  T  C  D  P  Z  V  Z  H
J  O  I  J  J  D  E  H  K  R  L  S  G  F  E
S  A  O  A  B  J  A  I  R  O  A  Q  Z  O  H
U  E  O  K  A  U  C  S  F  P  Y  Z  I  F  O
P  M  A  E  R  D  E  H  T  D  E  E  L  B  L
E  M  Z  S  V  W  P  E  A  E  R  Q  U  U  D
R  P  T  M  P  A  D  A  Y  W  F  C  J  P  S
N  O  X  N  A  E  L  T  R  Q  M  W  P  U  T
A  G  S  A  V  L  I  S  E  I  C  U  L  W  E
T  S  K  R  U  T  B  M  O  B  W  E  N  A  A
U  G  O  A  S  R  E  E  N  I  G  N  E  H  D
R  E  N  R  U  T  A  N  I  T  D  I  Y  E  Y
A  Z  D  O  O  L  B  R  E  F  R  U  S  M  B
L  H  F  D  Y  E  N  R  A  E  K  T  A  M  M
```

AUDIOSLAVE	LUCIESILVAS	SURFERBLOOD
AYREON	MATKEARNEY	THEHOLDSTEADY
BLEEDTHEDREAM	NEWBOMBTURKS	THISHEAT
DROPD	PEACE	TINATURNER
ENGINEERS	PLAYER	
HALFJAPANESE	SUPERNATURAL	

Puzzle #68

ROCK MUSIC

```
T  T  Y  S  A  I  N  O  M  R  A  H  Y  T  E
S  H  C  R  E  U  I  O  U  S  W  X  W  H  H
T  E  G  X  T  P  G  W  Y  K  H  K  O  E  T
E  C  T  I  N  N  O  U  D  R  L  Y  B  M  H
E  A  A  A  R  O  E  P  S  D  R  T  B  A  E
L  R  S  R  F  W  R  G  G  T  R  A  H  E  A
E  D  B  U  L  E  D  I  E  N  I  J  C  S  D
Y  I  U  J  P  Y  H  R  O  I  I  N  O  H  V
E  G  F  D  K  K  S  T  A  D  B  K  E  I  E
S  A  F  Z  D  B  E  I  E  H  E  B  O  S  R
P  N  A  R  K  Q  A  S  M  P  C  I  O  M  T
A  S  L  Q  N  W  E  Z  W  O  A  I  L  B  S
N  K  O  H  V  S  E  Z  X  P  N  C  R  U  J
G  Z  M  A  N  O  W  A  R  S  B  D  S  X  J
S  T  U  L  Y  J  A  C  K  W  H  I  T  E  K
```

AUGUSTINES

BOBBIEGENTRY

BUFFALO

CARLYSIMON

CARRYON

ESCAPETHEFATE

HARMONIA

JACKWHITE

JULIEDOIRON

MANOWAR

RICHARDWRIGHT

SMOKINGPOPES

STEELEYESPAN

THEADVERTS

THECARDIGANS

THEMAESHI

Puzzle #69

ROCK MUSIC

```
F  I  G  N  I  R  V  S  U  P  E  R  F  L  Y
P  E  Z  M  E  F  I  L  T  H  G  I  N  F  U
R  D  L  J  H  Q  Y  G  E  T  H  U  X  G  J
V  G  A  Q  I  K  F  R  Y  U  A  V  J  F  V
Q  V  A  U  M  P  Z  P  U  L  N  Q  W  Z  P
S  C  L  E  A  N  F  W  G  F  D  A  U  P  D
W  S  T  E  J  Y  R  E  T  S  Y  M  M  F  N
E  Y  E  N  T  R  A  C  C  M  B  L  K  M  V
E  S  V  I  N  Z  S  M  P  U  U  U  L  M  E
T  M  N  R  U  B  O  T  A  M  R  A  K  I  I
C  D  U  Y  D  D  L  S  G  P  R  Z  C  Y  B
H  F  N  O  T  J  O  T  Z  P  O  Q  M  I  A
I  M  S  E  I  L  E  T  I  H  W  Z  J  G  K
L  K  I  N  G  H  A  R  V  E  S  T  R  A  Q
D  B  N  E  D  L  E  H  D  N  I  S  R  I  W
```

ANDYBURROWS   MCCARTNEY   SUPERFLY

BILLYFURY   MDFMK   SWEETCHILD

CLEAN   MYSTERYJETS   WHITELIES

EMMANUEL   NIGHTLIFE   WIRSINDHELDEN

KARMATOBURN   QUEEN

KINGHARVEST   SOLO

Puzzle #70

ROCK MUSIC

```
V  I  W  R  K  S  F  R  E  T  B  O  A  R  D
R  L  B  X  R  R  E  T  A  W  E  K  O  M  S
X  C  Y  A  D  A  B  O  M  F  J  N  G  B  J
E  G  O  O  U  R  T  W  H  A  T  Z  O  T  T
L  W  N  S  B  H  Y  S  T  C  Y  G  J  U  Z
R  I  O  A  M  D  A  W  N  P  E  N  N  H  D
T  U  O  L  L  I  L  U  H  I  W  O  A  O  R
V  V  N  C  R  K  C  O  S  H  W  J  B  S  K
Y  Z  N  H  E  A  R  K  M  T  J  D  I  V  H
X  T  Y  S  E  L  B  E  M  S  I  V  E  R  S
F  T  K  S  X  I  G  Y  T  A  U  R  P  Y  K
P  A  Y  X  C  A  L  N  R  F  R  M  I  K  R
W  I  T  W  E  Q  V  I  I  A  E  S  C  P  E
U  F  C  V  C  N  B  S  G  S  G  X  U  J  S
F  C  Z  J  E  F  F  R  E  Y  L  E  W  I  S
```

BAUHAUS	GARYBARLOW	SINGLECOIL
DAWNPENN	JEFFREYLEWIS	SMOKEWATER
ECHOES	MICKMARS	SPIRIT
EDWINSTARR	NASH	UNHEILIG
EFTERKLANG	OLDBOY	
FRETBOARD	REVIS	

Puzzle #71

ROCK MUSIC

```
I  K  E  X  S  T  E  V  E  M  O  R  S  E  D
T  A  D  A  M  A  N  T  J  C  T  P  G  X  R
N  F  A  E  T  H  E  R  A  K  E  S  G  A  F
C  E  X  S  L  T  E  I  I  K  G  V  S  J  E
J  B  L  C  O  L  E  R  K  Q  Q  H  H  O  E
O  H  U  A  O  S  I  G  B  M  J  K  M  M  L
H  M  T  D  H  C  S  T  D  A  P  F  A  Y  G
N  C  H  K  D  N  K  U  S  A  L  I  P  F  O
F  O  H  G  J  Y  A  S  O  A  G  P  M  D  O
A  K  E  M  U  W  K  V  P  R  B  D  E  V  D
R  H  A  W  K  W  I  N  D  A  S  B  A  R  I
N  U  L  H  B  J  M  T  O  P  R  I  V  F  T
H  J  T  H  C  A  M  X  I  X  J  R  M  B  Q
A  N  H  S  A  M  A  N  D  D  A  V  E  E  P
M  K  N  O  P  A  K  A  H  S  B  Z  M  R  D
```

ADAMANT
BASTILLE
BUDDYKNOX
COCKSPARRER
DEMISROUSSOS
DRFEELGOOD

FADGADGET
HAWKWIND
HEALTH
HERBALPERT
JOHNFARNHAM
SAMANDDAVE

SHAKAPONK
STEVEMORSE
THERAKES
VANHALEN

Puzzle #72

ROCK MUSIC

```
B  L  D  B  T  H  E  P  I  L  L  O  W  S  C
C  R  E  E  P  Y  T  Z  O  A  Z  M  Z  K  V
U  T  M  N  U  Y  T  L  U  A  F  E  D  I  E
M  E  Q  I  E  C  K  Y  G  M  K  Z  X  K  T
I  C  O  O  P  E  R  W  M  A  A  Z  S  V  V
O  H  S  Y  O  B  S  W  E  N  M  N  W  T  F
G  O  V  I  U  A  J  Y  C  D  F  R  L  D  E
Q  B  S  F  H  V  N  P  V  A  I  U  C  H  M
M  E  F  T  I  Z  Z  T  O  P  Z  W  F  P  E
B  L  W  H  S  A  N  O  G  A  R  D  U  S  R
Y  L  P  B  A  T  F  O  R  L  A  S  H  E  S
R  Y  M  W  R  E  H  T  O  M  F  L  O  W  O
O  T  Y  R  E  D  D  E  V  E  I  D  D  E  N
L  U  C  I  L  L  E  D  Y  R  Y  B  B  O  B
K  E  C  C  V  T  S  R  U  B  N  U  S  W  L
```

AMANDAPALMER	DRAGONASH	SUNBURST
BATFORLASHES	ECHOBELLY	THEPILLOWS
BOBBYRYDELL	EDDIEVEDDER	WOLFMOTHER
COOPER	EMERSON	ZZTOP
CREEP	LUCILLE	
DEFAULT	NEWSBOYS	

Puzzle #73

ROCK MUSIC

```
L F R D L E I F D L O E K I M
E S G E R E G N I W X S Z F U
E O L G K E V I N A Y E R S W
R N S A N R K K L E M M Y N V
A I Y T R I A A C Y M Y T D O
N C O K O E K P H U A E I I Y
A B X P M O N I M S L B N H J
L O Y H A K G U K A A P A X R
D O J R Z R A E F A H L Z E W
O M W L D A T W S N K A U G V
D S E I L L U S I O N P R K W
F I I B S L L U B L I M E G I
N X P I N W V N R A Z D J R Z
F M U R T C E P S N R B G H A
T L E J Z U M K U A A A A G M
```

ARABSTRAP
EMILBULLS
FUNERAL
GRAHAMPARKER
ILLUSION
KAKIKING

KEVINAYERS
KULASHAKER
LEERANALDO
LEMMY
MIKEOLDFIELD
PLUCK

SONICBOOMSIX
SPECTRUM
STOOGES
WINGER

Puzzle #74

ROCK MUSIC

```
T  D  A  Y  F  S  H  N  F  S  L  A  V  E  S
L  N  P  R  T  A  J  H  U  Q  F  W  U  A  F
S  T  X  B  D  F  X  E  R  Z  G  C  R  S  V
T  H  E  E  A  S  Y  B  E  A  T  S  K  T  J
E  E  M  T  P  E  T  E  R  B  U  C  K  G  J
V  D  K  T  E  D  G  R  E  E  N  E  J  U  H
E  E  V  S  H  S  A  N  M  A  H  A  R  G  A
W  P  B  E  S  T  C  O  A  S  T  A  V  V  C
I  A  A  G  A  G  Y  D  A  L  U  Z  Y  X  U
N  R  O  L  E  M  T  S  N  I  A  G  A  X  G
W  T  M  R  O  T  S  N  A  I  R  B  G  A  K
O  U  X  R  O  I  N  E  S  R  O  I  N  U  J
O  R  Q  J  Y  S  S  O  R  T  A  B  L  A  Q
D  E  F  Y  U  L  A  E  O  J  L  M  K  E  D
R  O  T  K  E  P  S  A  N  I  G  E  R  D  L
```

AGAINSTME	GRAHAMNASH	STEVEWINWOOD
ALBATROSS	JUNIORSENIOR	TEDGREENE
BESTCOAST	LADYGAGA	THEDEPARTURE
BETTS	PETERBUCK	THEEASYBEATS
BRIANSTORM	REGINASPEKTOR	
DANBALAN	SLAVES	

Puzzle #75

ROCK MUSIC

```
O  W  Q  B  C  E  G  D  I  R  B  R  A  B  K
R  E  O  E  R  T  I  A  V  M  P  D  M  R  E
B  T  A  E  B  I  K  S  N  O  R  B  F  K  T
L  B  B  T  N  L  A  E  S  R  G  A  C  K  T
R  R  I  X  T  R  F  N  V  I  D  W  L  P  C
J  A  B  G  M  H  U  I  W  A  L  G  O  T  A
Y  U  O  H  N  K  E  B  S  I  C  M  U  U  R
T  H  Y  Q  Q  I  B  U  O  H  L  K  D  I  B
X  K  K  C  O  M  B  Q  S  L  B  S  C  A  S
S  Q  I  V  R  W  L  O  Q  E  S  O  O  I  E
I  M  L  J  U  I  L  B  R  O  D  I  N  N  N
B  E  L  A  Y  L  O  L  E  O  F  J  T  E  V
K  Q  B  H  D  D  Z  I  P  M  U  M  R  F  N
G  E  O  R  G  E  E  Z  R  A  C  X  O  Y  A
H  O  Y  E  P  O  C  S  O  D  I  E  L  A  K
```

BOYKILLBOY	GACKT	NICKCAVE
BRIANWILSON	GEORGEEZRA	ROBINGIBB
BRIDGE	KALEIDOSCOPE	SLOBURN
BRONSKIBEAT	KETTCAR	THEUSED
CLOUDCONTROL	KIMWILDE	
FISHBONE	LISSIE	

Puzzle #76

ROCK MUSIC

```
P  K  O  K  P  C  B  E  K  W  Y  B  G  P  S
R  T  N  A  I  G  E  L  T  N  E  G  H  V  Y
E  F  E  L  V  I  S  C  O  S  T  E  L  L  O
V  N  J  R  I  V  A  L  S  C  H  O  O  L  S
E  G  I  U  W  S  E  C  A  L  P  H  G  I  H
R  Z  X  A  R  Q  Z  O  Z  J  T  A  B  W  M
B  G  N  I  T  A  P  F  V  N  T  T  R  V  X
Z  Z  U  A  L  S  S  C  X  V  Y  I  Y  T  Z
V  C  A  F  B  L  U  S  T  K  A  U  A  J  Y
U  P  F  P  K  F  I  M  I  L  W  F  N  D  Y
O  N  F  S  B  D  H  L  R  C  O  R  F  S  I
G  Z  W  J  D  X  F  C  A  L  O  G  E  R  O
T  T  A  I  H  N  H  O  J  Q  J  L  R  V  F
H  V  W  O  C  S  O  M  O  I  D  A  R  E  L
S  E  I  D  A  N  N  A  W  E  H  T  Y  W  R
```

BLOCPARTY   IRA   REVERB
BRYANFERRY   JOHNHIATT   RIVALSCHOOLS
CALOGERO   JURASSIC   THEWANNADIES
ELVISCOSTELLO   LILLIX
GENTLEGIANT   MUSTAINE
HIGHPLACES   RADIOMOSCOW

Puzzle #77

ROCK MUSIC

```
K U B B F K E N M T T G E G R
R E L F P O N K O C L H N Q P
A A L U B R K S X I O L J D V
C V N G O S S I P U H K W Z H
H D X D E T C E L E E H T A E
I A T R Y Q U K R W Y S O U H
D I R E N G R E Y A T Q L N G
T M A Q X O R J F H N I C U X
A Y Y V J O T A Q U E S T M O
H C U T R J A N M D Y X O G M
A Z T E L E G I B M T D Q H E
Q D L H P M U I R T E D E N R
S I Z E S I O N F O T R A L K
W S Y Z H O L X N I C Z N G D
S G M P M U T S K C I R T A P
```

ANDYGRAMMER   INXS   SIZE

ARTOFNOISE   JOTAQUEST   TELEGIB

DIRENGREY   KNOPFLER   THEELECTED

EDEN   KUBB   TRIUMPH

GOSSIP   PATRICKSTUMP

GUT   RACHIDTAHA

Puzzle #78

ROCK MUSIC

```
X V K V Q A K B P T L G I Y T
O C R U Y C K R B S S S D J O
V P U X E D E O A P M B W X D
T I Y L A C L K M P N C N H D
O A I D T R I E N D Y U N Q R
M X M K N U O N M S D K T I U
C H C G A T R B J A A K R R N
O K A R A T E E Z Z I T X O D
C D C Z Y M E L C O T T U G G
H L R L K N T L O L M R R R R
R H W U R N A S M X U B L E E
A M I U K A P D O O Z B I Z N
N W C T E E W S E H T W L E Q
E I O M F R K O D K G M Y M D
E X G T O R T A U Q I Z U S P
```

ACDC

BROKENBELLS

CULTURECLUB

DNTEL

GHOST

GORKYPARK

KARATE

LEMAITRE

MAGMA

ROBZOMBIE

SUZIQUATRO

THESWEET

TODDRUNDGREN

TOMCOCHRANE

VIIKATE

Puzzle #79

ROCK MUSIC

```
P  I  F  F  D  S  E  U  L  B  Y  D  O  O  M
S  U  F  F  I  E  L  D  M  U  S  I  C  W  D
B  D  U  T  R  A  L  T  M  N  J  L  E  K  G
K  S  I  S  R  A  H  T  A  C  J  D  S  W  N
E  W  T  Q  C  A  P  S  A  Q  Z  S  Z  V  C
V  R  U  J  Z  G  W  T  A  R  T  S  D  E  R
I  K  N  N  Q  T  R  E  G  G  A  U  X  S  G
N  P  I  E  Q  M  G  S  T  R  I  E  L  N  P
D  P  Q  M  K  S  R  S  R  S  A  K  U  I  T
E  A  V  O  N  A  P  U  O  R  Y  I  U  O  H
V  A  M  O  R  C  H  E  E  B  A  L  L  P  S
I  X  O  B  A  N  I  G  N  I  V  I  L  S  E
N  R  R  C  J  R  E  R  R  E  F  O  N  I  N
E  C  N  R  U  O  B  N  E  R  N  H  O  J  B
R  N  O  H  N  A  M  E  K  A  W  K  C  I  R
```

BILLYSTEWART   JOHNRENBOURN   REDSTRAT
CATHARSIS   KEVINDEVINE   RICKWAKEMAN
DELTARAE   LIVINGINABOX   ROUPANOVA
FIELDMUSIC   MOODYBLUES
GRAILS   MORCHEEBA
HAKEN   NINOFERRER

Puzzle #80

ROCK MUSIC

```
L  R  N  O  I  T  C  A  F  S  I  T  A  S  R
W  R  A  L  U  G  E  R  Y  W  N  I  Y  R  I
C  H  E  L  S  E  A  W  O  L  F  E  M  N  G
S  R  E  Y  E  Y  D  A  E  B  C  L  G  C  H
T  M  U  O  A  X  E  B  B  H  U  S  J  P  T
A  L  J  N  I  M  G  C  S  E  W  A  D  Y  O
R  X  A  S  K  C  I  O  B  F  Q  H  V  Q  F
S  K  N  U  Y  Y  E  L  N  E  H  N  O  D  F
A  J  T  M  M  E  W  L  S  C  A  X  T  O  Y
I  I  H  C  E  K  P  M  C  Y  E  T  E  B  P
L  Z  E  F  L  B  M  V  A  B  O  O  L  C  J
O  K  R  E  V  O  L  E  F  I  L  B  D  E  W
R  V  Z  B  I  N  O  S  P  M  O  H  T  C  S
H  I  Z  R  N  I  A  E  G  N  A  R  G  A  L
G  O  M  A  S  C  I  G  A  M  J  N  W  C  F
```

ALEXG	FATBOYSLIM	RIGHTOFF
BEADYEYE	LAGRANGE	SATISFACTION
BEATLES	LIFELOVER	STARSAILOR
CHELSEAWOLFE	MAGICSAM	THOMPSON
DAWES	MELVINS	
DONHENLEY	REGULAR	

Puzzle #81

ROCK MUSIC

```
Z  W  N  G  N  J  O  H  Y  C  Q  O  M  T  K
U  J  D  V  L  O  R  N  L  R  Y  W  P  H  W
M  I  P  F  W  O  C  P  V  S  E  C  V  E  M
I  L  I  U  M  U  R  G  R  O  G  L  U  A  A
N  L  Y  W  S  O  D  I  D  I  V  I  D  L  R
U  S  I  O  A  C  Z  U  A  W  N  R  C  A  Y
S  O  S  V  T  R  I  N  N  J  F  C  X  R  J
T  B  I  H  K  A  R  F  T  J  O  Y  E  M  A
H  U  O  E  I  R  T  A  E  Q  T  N  W  T  N
E  L  Z  B  P  D  I  H  N  R  I  F  E  O  E
B  E  O  U  S  R  D  S  L  T  F  Q  Y  S  G
E  O  Q  M  Z  I  I  T  T  E  L  B  O  W  I
A  K  C  E  N  E  V  I  F  I  T  L  X  J  R
R  X  J  H  T  E  R  A  Z  A  N  E  Y  C  L
V  H  P  S  K  C  I  N  E  I  V  E  T  S  S
```

ATHLETE	LIVKRISTINE	PUSCIFER
DIVIDIDOS	LUCY	STEVIENICKS
ELBOW	MARYJANEGIRLS	THEALARM
FIVENECK	MINUSTHEBEAR	WARRANT
GLORIAJONES	NAZARETH	
JILLSOBULE	PRINCE	

Puzzle #82

ROCK MUSIC

```
J  B  R  A  Q  Q  D  S  J  A  W  U  D  R  N
K  Q  N  L  R  V  N  Y  O  Z  X  E  G  Y  C
S  I  J  B  J  E  M  J  N  E  R  H  B  K  Z
R  R  K  E  H  D  G  B  A  L  B  M  T  R  S
E  E  E  N  C  X  N  L  I  U  E  H  I  B
G  M  N  T  J  N  F  M  E  N  M  S  E  S  T
Z  Z  Y  A  O  O  I  P  W  S  J  T  R  T  O
T  S  D  C  L  O  N  F  I  K  S  S  E  I  X
J  R  Q  R  R  Y  H  N  E  Y  S  A  A  N  I
G  Q  O  O  O  E  D  E  Y  R  V  B  P  H  C
P  D  L  S  H  F  M  B  H  C  R  T  E  E  I
C  K  V  S  E  J  T  G  O  T  R  U  R  R  T
A  N  B  N  P  T  U  L  Z  B  P  A  S  S  Y
O  H  S  P  A  R  T  S  O  X  I  V  I  H  H
T  H  E  G  O  R  I  E  S  C  N  M  H  G  B
```

ALBERTACROSS	KRISTINHERSH	THEHOOTERS
BOBDYLAN	MERCYME	THEREAPER
COLTFORD	PASSENGER	TOXICITY
JENNIFERRUSH	ROSETTE	ZELINSKY
JONALEWIE	STRAPS	
JONNYCRAIG	THEGORIES	

Puzzle #83

ROCK MUSIC

```
G Z K P T P W H R Z F K J L T
T N T M S K N O M E H T A G H
H P M L T D U C O X A X S H E
E T Y O O N S I A P U R O W T
D G C A D T R A L U B E N T O
I T R O R E S A T X V Q A T R
C Z U F G G R Y E O J A L X N
T Q A R A S D A E D I J D G A
A C I G C A F I T L Y D E Q D
T C L W U F G Q V T L E A R O
O L K X U F I B S A O E N R E
R O F D I M L D Z R D E K O S
S B U N E D R A G D N U O S L
J G O L D E N S I L V E R S V
D O I B U R A N I L U A P L W
```

AFI	KELLEYSTOLTZ	SOUNDGARDEN
DAVIDGRAY	LONEYDEAR	THEDICTATORS
DEADSARA	MODERATTO	THEMONKS
FUGAZI	NEBULA	THETORNADOES
GOLDENSILVERS	PAULINARUBIO	
JASONALDEAN	RADIO	

Puzzle #84

ROCK MUSIC

```
G X Z Y T K A A G E B T W C P
Q H S I T O E I G G U H S I A
R N U N C H A I N E D E X T K
D U L E L A C S X M K T I Y E
O A O L L C U T Z P A R J A P
C R E M E V E X L E S E H N B
R W B L L V I I L O U W I D O
A G F A L I I S P P F S O C O
Z M R L J E G T P L L N D O B
Y C B I R A V M S E E Z U L Q
H R E J P D Q E M N R M O O H
O A N I W T X E H P A K E U B
R J X S X B A Q M C V L I R Y
S D L E I F F H E I O W A N J
E T A G H T A B S I R H C D S
```

ALANSTIVELL   CRAZYHORSE   SCALE

APHEXTWIN   ELVISPERKINS   SHUGGIEOTIS

BUDKASUFLERA   FIELDS   THETREWS

CHEVELLE   GILMOUR   UNCHAINED

CHRISBATHGATE   IOWA

CITYANDCOLOUR   MPEOPLE

Puzzle #85

ROCK MUSIC

```
V  X  A  L  L  E  B  P  M  A  C  E  K  I  M
T  H  E  Y  O  U  N  G  G  O  D  S  L  V  V
Z  K  C  E  T  U  O  S  L  O  O  H  C  S  W
J  L  E  I  R  B  A  G  R  E  T  E  P  E  Q
E  T  A  T  N  A  M  E  L  T  T  I  L  V  I
H  M  S  L  E  O  N  R  U  S  S  E  L  L  Y
N  C  M  L  K  N  C  A  E  N  J  A  X  X  U
M  U  S  X  L  S  O  U  T  Z  J  M  M  J  A
X  Y  R  N  I  E  P  T  N  H  J  S  D  R  I
W  Z  U  O  A  N  W  E  P  E  E  J  Q  I  B
O  K  V  M  T  J  E  Y  C  A  K  M  P  D  E
U  X  S  H  B  N  G  O  R  I  L  L  A  Z  H
H  I  J  U  F  D  R  T  H  A  M  C  W  K  Z
Y  O  U  T  H  G  R  O  U  P  M  E  K  B  M
S  L  O  W  R  I  D  E  B  V  E  S  N  V  H
```

ANATHEMA	LITTLEMANTATE	SLOWRIDE
BORNTORUN	MARYWELLS	SPECIMEN
CLAPTON	MIKECAMPBELL	THEYOUNGGODS
GORILLAZ	PETERGABRIEL	YOUTHGROUP
JANSCH	PHOENIX	
LEONRUSSELL	SCHOOLSOUT	

Puzzle #86

ROCK MUSIC

```
D F J B P X K H V B F H N A I
C K C O T S D O O W J E E B B
N A B D N F N N T T N X L C O
I L R A E W A F A R N A Y T R
L G N I K T R E B L A S S C I
Z L W O B M S S A F X U I N S
V V I G D O P I I J H B A O G
J B T H D I U Y L A H T N I A
O J O L S F L D E K Z L F Z R
E E A L U S B W K P C E I E D
E E L J E C E I I D E A E M I
J O N A N D E R S O N Q L C N
Y Z G V K T F H P Z Y S D B E
M O T S U C D J T Y U W S Y R
N T H E E X I E S B C Y P Z A
```

ALBERTKING

BLACKLISTED

BORISGARDINER

CARIBOU

CYPRESSHILL

ELYSIANFIELDS

EWAFARNA

FELT

JDCUSTOM

JONANDERSON

KALEO

NOIZEMC

SUBTLE

THECULT

THEEXIES

WOODSTOCK

Puzzle #87

ROCK MUSIC

```
G  X  Q  T  H  E  F  R  A  T  E  L  L  I  S
V  G  L  E  E  H  W  S  R  E  L  A  E  T  S
U  S  K  N  I  A  R  T  Y  Z  A  R  C  O  A
K  P  L  W  A  M  Y  G  R  A  N  T  V  K  E
F  U  H  L  R  K  A  E  R  B  L  I  A  J  M
J  D  G  W  U  E  N  I  H  P  A  R  E  Z  H
F  U  Z  Z  O  K  H  O  T  K  O  K  M  A  X
N  M  Y  Q  E  L  S  R  E  N  E  G  A  D  E
S  S  I  C  N  A  R  F  K  C  A  L  B  L  J
H  R  G  A  O  F  O  A  O  E  Y  K  A  E  K
X  N  K  E  G  H  A  W  B  D  W  X  I  V  U
R  B  P  S  A  J  S  M  R  U  N  D  Q  K  E
N  A  M  E  R  I  F  E  H  T  O  A  G  T  C
X  O  S  N  E  B  U  R  E  H  T  L  B  V  T
W  E  T  H  E  K  I  N  G  S  M  D  F  B  N
```

AMYGRANT
BANDOFSKULLS
BLACKFRANCIS
CRAZYTRAIN
FUZZ
HEY

JAILBREAK
LOUBARLOW
OHSEES
RENEGADE
STEALERSWHEEL
THEFIREMAN

THEFRATELLIS
THERUBENS
WETHEKINGS
ZERAPHINE

Puzzle #88

ROCK MUSIC

```
D  S  E  N  I  C  S  I  T  S  A  L  P  I  C
B  U  H  H  K  D  N  T  H  E  W  H  O  J  Z
R  C  O  I  D  C  A  S  L  Z  W  S  J  I  G
G  E  O  L  N  A  I  N  O  T  A  T  A  K  U
D  S  K  L  A  E  Y  P  N  Z  P  E  P  A  B
S  E  W  O  D  S  D  C  U  F  I  V  A  T  C
E  E  U  R  O  P  L  O  H  J  S  E  N  H  C
N  V  N  R  S  H  L  R  W  I  O  N  D  Y  A
J  O  I  O  C  L  E  A  I  N  V  T  R  S  A
N  F  S  R  J  Y  A  E  Y  G  E  Y  O  S  M
Q  S  P  B  D  S  E  Z  L  O  E  L  I  O  I
E  Z  W  Z  I  R  U  L  A  N  Y  E  D  N  W
N  K  M  E  O  G  E  S  T  C  H  R  S  G  I
O  A  F  V  M  Y  Z  V  E  O  A  O  W  H  B
H  Z  S  G  L  Z  X  C  O  J  M  B  J  B  L
```

CAZALS
COLDPLAY
GIBSON
GIRLSALOUD
JAPANDROIDS
JESUSJONES

JOHNLEEHOOKER
KATATONIA
KATHYSSONG
MOTLEYCRUE
OVERDRIVE
PICK

PLASTISCINES
SHINEDOWN
STEVENTYLER
THEWHO

Puzzle #89

ROCK MUSIC

```
L  E  L  A  U  R  A  M  A  R  L  I  N  G  Z
S  L  N  A  D  L  I  M  P  B  I  Z  K  I  T
I  C  T  G  N  I  H  G  U  O  C  L  U  O  S
X  J  R  A  I  I  X  E  Y  S  X  A  C  O  K
K  V  B  A  C  V  L  E  S  Z  R  Z  H  K  M
U  A  S  B  T  E  A  O  N  I  V  Z  C  K  U
G  K  A  L  Z  C  H  L  M  O  O  C  O  H  C
Q  U  R  A  Z  A  H  T  L  A  B  T  U  W  A
U  I  C  C  Z  N  K  A  A  I  N  D  R  I  S
A  U  H  K  R  P  D  J  C  Y  R  A  E  O  B
A  C  T  K  S  I  Y  O  F  I  A  V  U  R  T
V  E  O  I  W  H  S  R  H  J  D  J  A  J  H
C  X  P  D  D  A  M  I  E  N  R  I  C  E  X
K  S  J  S  Z  R  E  W  S  N  A  E  H  T  I
D  V  F  F  A  D  A  M  L  A  M  B  E  R  T
```

ADAMLAMBERT
ARCHTOP
AVRILLAVIGNE
BALTHAZAR
BLACKKIDS
CRISIS

DAMIENRICE
JAYATHECAT
JUANAMOLINA
LAURAMARLING
LIMPBIZKIT
REDBONE

SCRATCHACID
SOULCOUGHING
THEANSWER
TORTOISE

Puzzle #90

ROCK MUSIC

```
C A J N I N A L L I N A V P S
S T F X R U S L E O F L N N N
E H N O J X X N E X W U D B W
B E K N O T I N G O C N I M Z
A L C I E Z F Y I Q S A T M M
S O N I X P N A A T M A T V U
T V K L H G A O M R P S Y O F
I E Z V E C W K L I R L P E G
A D W S X B F N L Y L A U M R
N O T L W U L A K T B Y G H U
B N U E Q N O V A S T A R U E
A E N E M A K K C I N Z B X S
C S I P I W A N J L O O X S X
H T E E N S P I R I T C K F T
Q T H R E E D O G N I G H T N
```

BABYLONZOO	LUNA	TEENSPIRIT
CHIC	NICKKAMEN	THELOVEDONES
EXHEX	NOVASTAR	THREEDOGNIGHT
FAMILY	SEBASTIANBACH	VANILLANINJA
INCOGNITO	SLEEPER	
LEOSAYER	SUGARRAY	

ROCK MUSIC

```
E  R  R  E  D  N  O  W  E  I  V  E  T  S  M
R  V  Z  K  G  F  E  M  R  H  C  H  J  O  F
W  H  I  T  E  R  A  B  B  I  T  S  M  K  Z
E  R  U  S  A  R  E  K  V  U  R  M  G  P  P
T  K  O  N  R  T  Y  T  R  W  E  N  M  E  B
L  Y  D  N  L  U  N  A  H  A  G  E  V  A  D
R  E  F  X  S  P  C  Z  K  I  N  N  K  C  E
E  W  T  T  U  Y  A  P  Z  B  N  B  X  E  A
Q  Y  G  O  S  L  A  Y  E  R  C  T  W  S  D
X  W  Q  Q  H  K  I  D  N  E  L  E  M  E  B
K  V  S  C  F  O  S  H  T  I  M  S  V  L  O
L  L  A  F  E  R  I  F  R  S  T  Q  F  L  Y
O  V  M  W  K  S  W  K  B  A  A  O  H  S  S
A  S  R  E  V  O  L  L  O  R  L  L  U  B  P
T  H  E  C  U  R  E  H  Y  T  J  T  A  X  S
```

CURSIVE	LASTDAYS	STEVIEWONDER
DAVEGAHAN	MELENDI	THECURE
DEADBOYS	PEACESELLS	TOKIOHOTEL
ERASURE	ROLLOVER	WHITERABBITS
FIREFALL	SLAYER	
HINT	SMITHS	

Puzzle #92

ROCK MUSIC

```
R  H  C  K  Y  E  N  S  A  Z  P  X  Q  H  E
N  L  S  M  E  J  Z  Q  A  R  U  Q  R  C  J
Y  O  N  O  H  D  L  E  C  G  P  W  C  Y  N
L  R  I  A  D  O  D  B  D  S  P  T  T  S  E
T  X  Y  D  I  B  D  S  O  N  I  A  K  W  W
H  U  P  T  L  T  Z  A  Z  B  L  M  W  M  I
E  A  C  Z  N  J  S  I  B  J  B  A  I  Y  L
S  N  F  N  H  L  N  A  S  E  N  O  M  A  R
T  M  O  Y  O  Z  P  S  B  W  S  Z  Y  X  N
I  M  A  B  O  F  W  A  T  E  R  S  O  W  H
L  T  B  N  T  X  K  Z  K  L  S  I  A  Z  E
L  N  G  R  E  E  N  O  N  I  O  N  S  R  V
S  S  C  U  K  N  U  P  A  S  I  Y  D  U  J
T  H  E  G  R  O  U  N  D  H  O  G  S  N  Y
F  U  Q  Y  O  U  N  G  V  F  R  R  X  F  Y
```

BOB	SEBADOH	WATERS
DION	SEBASTIAN	YES
GREENONIONS	SIMIAN	YOUNG
JEWEL	TBONE	ZAZ
JUDYISAPUNK	THEGROUNDHOGS	
RAMONES	THESTILLS	

Puzzle #93

ROCK MUSIC

```
Q E Y B Y D S T W T A A I R L
W Q E D H X A N N U H Y Z X D
G W P M S W H E O E D O Z Z U
T T S A V R E V H I C M O U P
H H U S E Y D C M S P U P S W
E E B Q C A G W C B I R O O T
C W Q O R G E D L L X T O X P
L A Z B O Z S C A G G S R C B
I T K D K M D O N S Y H C O S
E E G W E B K A F G P B S I P
N R P W J E P A V R R O D X H
T B J E T H R O T U L L P I K
E O G M M F X U O E L I X E K
L Y E N Y A D R O L Y A T D E
E S J Z C L A O C L N W I Z Z
```

BOOMKAT

BOZSCAGGS

DASPOP

EXILE

HEDGES

JETHROTULL

LOUREED

MCLAN

PORTISHEAD

SCORPIONS

TAYLORDAYNE

THECLIENTELE

THEWATERBOYS

VAST

Puzzle #94

ROCK MUSIC

```
P  J  B  I  K  I  N  I  K  I  L  L  F  Z  W
E  Y  U  T  H  E  J  O  K  E  R  L  Y  Y  T
T  Q  Z  J  B  A  V  D  T  T  I  X  R  Z  K
E  S  Z  W  M  W  C  I  R  J  D  V  Z  L  J
R  A  C  T  E  Y  F  U  N  E  G  J  H  Q  X
G  W  O  R  S  H  I  Z  Y  R  P  L  G  E  O
R  Y  C  U  A  Q  T  R  J  M  U  Y  R  G  D
E  R  K  Q  H  G  R  U  O  P  E  D  R  M  B
E  F  S  N  P  S  U  Z  O  N  Q  T  O  T  X
N  J  F  M  I  N  H  S  B  M  L  M  U  L  S
Q  O  F  L  F  K  Y  E  A  S  D  U  N  U  F
F  R  J  E  E  R  D  R  D  C  F  N  N  X  Y
M  A  T  T  H  I  A  S  R  E  I  M  U  G  C
Y  R  A  S  C  A  L  F  L  A  T  T  S  O  M
G  Y  R  O  L  G  D  N  U  O  F  W  E  N  H
```

BIKINIKILL

BUZZCOCKS

DRDRE

HOUNDMOUTH

KEVINRUDOLF

KINKY

MATTHIASREIM

MYIRONLUNG

NEWFOUNDGLORY

PETERGREEN

RASCALFLATTS

SHED

STRYPER

SUGAR

THEJOKER

Puzzle #95

ROCK MUSIC

```
E  P  I  T  S  L  E  A  H  C  I  M  P  R  D
L  A  D  Y  P  A  N  K  Z  B  A  L  O  D  C
E  R  B  R  S  D  A  O  R  S  S  O  R  C  M
S  W  R  E  T  N  I  W  R  A  G  D  E  V  H
F  E  C  V  R  P  E  T  E  R  A  N  D  R  E
D  A  N  W  O  T  Y  Z  A  R  C  B  G  P  Y
E  A  L  I  L  S  J  V  G  Y  O  Y  L  E  S
X  R  N  L  V  A  F  A  V  N  Q  K  L  N  A
E  F  U  K  O  E  S  S  N  K  A  D  X  N  I
V  H  Z  P  O  U  H  T  B  S  S  B  D  Y  L
M  V  N  K  T  J  T  T  E  Z  C  F  G  W  O
Q  B  S  S  M  I  O  B  C  V  W  H  H  I  R
C  B  P  I  Q  D  O  N  O  J  E  X  Q  S  B
B  E  D  B  A  D  Q  N  E  Y  A  N  G  E  K
N  B  E  A  C  H  F  O  S  S  I  L  S  B  J
```

BEACHFOSSILS	EDGARWINTER	PETERANDRE
BERTJANSCH	ERUPTION	SAILOR
BIGBANG	FALLOUTBOY	STEVENS
CRAZYTOWN	LADYPANK	THEVINES
CROSSROADS	MICHAELSTIPE	
DANKOJONES	PENNYWISE	

Puzzle #96

ROCK MUSIC

```
A  X  E  B  A  S  S  K  G  T  I  X  U  R  C
S  E  L  T  A  E  B  E  H  T  O  N  G  J  U
W  H  R  A  T  S  Y  Z  Z  A  M  O  L  E  N
D  R  A  S  N  A  H  N  E  L  G  G  L  A  W
G  I  B  O  R  X  X  V  G  K  A  G  E  L  Y
Y  E  L  N  A  T  S  L  U  A  P  O  A  W  A
E  H  P  X  R  H  C  T  U  L  C  A  B  D  N
F  B  R  E  H  C  R  A  N  I  M  S  A  T  U
T  H  Z  N  A  S  O  R  D  N  A  J  E  L  A
X  H  A  V  E  A  N  I  C  E  L  I  F  E  K
W  T  R  N  G  L  A  S  S  T  I  G  E  R  W
G  H  R  H  E  N  E  P  O  R  U  E  N  X  H
V  M  J  O  H  N  N  Y  W  I  N  T  E  R  D
X  H  S  A  D  E  O  C  S  O  R  Y  Q  E  D
E  M  D  W  C  O  D  N  H  B  S  B  N  J  G
```

ALEJANDROSANZ
ALKALINETRIO
AXEBASS
CLUTCH
EUROPE
GLASSTIGER

GLENHANSARD
HAVEANICELIFE
INLAY
JOHNNYWINTER
MAZZYSTAR
PAULSTANLEY

ROSCOEDASH
TASMINARCHER
THEBEATLES
TOOL

Puzzle #97

ROCK MUSIC

```
Q  T  K  R  J  Q  M  Y  Q  Q  J  A  R  D  G
T  E  A  A  O  A  A  T  T  O  R  V  A  U  E
T  K  C  L  I  B  K  N  O  M  W  K  F  L  R
T  R  F  A  L  S  E  O  E  D  Y  O  A  Q  R
K  N  A  K  S  I  E  R  B  L  O  Q  Q  W  Y
Z  E  T  R  Z  S  A  R  T  B  S  Y  N  I  R
F  M  I  Z  R  K  A  C  C  F  A  H  A  A  A
Z  C  X  G  W  A  N  D  E  H  R  F  E  K  F
J  I  V  I  H  C  P  U  E  I  I  I  B  T  F
E  N  O  R  A  T  S  N  S  E  B  E  P  O  E
U  X  F  V  V  L  L  G  H  E  P  L  F  P  R
B  Q  J  O  H  N  L  E  E  O  V  O  O  S  T
Q  Y  C  J  O  O  V  N  G  V  J  F  P  C  Y
L  A  U  M  O  O  D  F  O  S  S  A  B  E  X
G  R  A  M  M  A  R  G  N  O  D  N  O  L  A
```

BASSOFDOOM   JAKOB   ROBERTFRIPP
CASSADEEPOPE   JOHNLEE   SKANK
COLBIECAILLAT   JOHNPARR   STARONE
DUNGEN   KAISERCHIEFS
EIGHTLEGS   KAYODOT
GERRYRAFFERTY   LONDONGRAMMAR

Puzzle #98

ROCK MUSIC

```
G O A K A D E S L I E N P N C
Q O B L I V I A N S L A M B Q
R M A Z E M O G A N E L E S Y
L Q Y O C E A N S I Z E Z S Y
B N O S N H O J K C A J Y T J
C D O T E C P D M Q Z Y Z E N
F C N D H R T J N Q A G A V S
R V R I R G R A C E J O N E S
W D N M A U I O O Y S M G N O
H S H F R T B R T W R O T W G
X Z P U F Z S C W Z Z Z R I F
E J T G X D J M I Y G L N L I
P A U L W E L L E R R Y S S W
D E A D O R A L I V E A Y O Y
J O S H K E L L E Y N I G N K
```

DEADORALIVE	NEILSEDAKA	STAIND
ERICBURDON	OBLIVIANS	STEVENWILSON
GARYWRIGHT	OCEANSIZE	TORRES
GRACEJONES	PAULWELLER	
JACKJOHNSON	ROSENDO	
JOSHKELLEY	SELENAGOMEZ	

Puzzle #99

ROCK MUSIC

```
L U E C G Z E D X M S W D W I
J Q X Y E M G E C M I F T C N
I E L D D A S U N P Q E D T U
M F D I I U R T P U L L E Y T
M O E F Y D B I X F S N J J E
Y R N N Z V A A K D Z H E F R
P A E D A L A M R A M O O Y O
A F R Y O K S E A Q H K Y O P
G S T R H G S X H G T S W J Z
E B E M U C F E A R E Y N C Q
B D S L K M E O L Z E P O K R
K E L L Y W E N B I T P L W Z
C L A O T K M N Y M M E U A O
K F W I S H B O N E A S H S N
I L A K I N G C H A R L E S U
```

ANNEMURRAY   LAMBOFGOD   SHAKIRA

DAMAGEPLAN   MARMALADE   SUPERHEAVY

INUTERO   MILESKANE   TESLA

JIMMYPAGE   NUSHOOZ   WISHBONEASH

KINGCHARLES   PULLEY

KYLESA   SADDLE

Puzzle #100

ROCK MUSIC

```
J  R  X  K  V  W  Q  D  W  U  I  S  B  B  U
W  X  V  U  X  H  C  T  I  G  E  R  R  A  G
E  J  K  N  O  F  J  P  B  V  O  R  B  H  W
H  V  O  P  A  I  L  N  X  D  I  X  Y  S  L
Z  E  I  S  D  G  S  E  R  G  U  N  C  N  U
V  A  R  F  H  O  E  E  N  E  C  O  Y  F  L
L  X  C  O  S  U  T  N  I  S  G  O  X  L  U
H  L  C  I  M  D  A  A  A  S  M  G  G  Y  S
T  Y  I  I  B  O  L  R  N  L  X  O  I  O  A
G  N  W  S  D  W  N  O  A  T  K  U  X  R  N
E  O  J  Y  E  H  O  F  D  H  R  O  Z  T
N  E  C  K  D  E  E  P  T  N  I  R  A  I  O
Q  K  X  P  R  V  D  W  A  I  E  N  A  M  S
V  O  L  E  F  L  X  U  A  C  A  B  R  X  O
G  F  K  N  I  P  D  I  J  I  R  F  I  I  Z
```

ANTHRAX

BENFOLDSFIVE

CAPO

DIVINYLS

ELF

FAITHNOMORE

FRIJIDPINK

HEYJOE

JOSHUARADIN

JUDEESILL

LULUSANTOS

MARKLANEGAN

NECKDEEP

SIOUXSIESIOUX

TIGERRAG

TRIGGER

Puzzle #101

ROCK MUSIC

```
P  R  B  V  D  A  V  E  M  E  L  I  L  L  O
E  N  A  L  E  R  T  C  E  L  E  U  R  E  G
H  U  Q  O  I  T  X  H  A  P  P  Y  S  A  D
A  R  A  X  M  T  E  I  N  N  O  B  L  G  A
Z  Y  N  D  U  N  E  C  M  U  C  Q  D  J  R
B  T  D  R  R  E  L  K  G  L  O  G  Z  Z  K
V  Y  R  F  D  O  V  C  J  W  L  V  J  A  S
Q  K  O  Q  E  A  W  O  G  W  O  I  E  P  T
H  U  M  I  R  Z  A  R  M  A  U  B  F  W  A
T  X  E  S  D  U  A  E  N  E  R  R  F  F  R
X  K  D  F  O  U  Q  A  Y  G  H  A  B  C  U
A  N  A  M  L  O  B  S  Q  I  A  T  E  J  O
K  W  I  L  L  H  O  G  E  Q  Z  O  C  B  L
S  I  A  J  S  S  C  A  R  N  E  K  K  O  D
D  E  L  I  O  T  H  G  I  N  D  I  M  E  A
```

ANDROMEDA   DOKKEN   MURDERDOLLS
BONNIE   ELECTRELANE   THEMOVE
CHICKCOREA   HAPPYSAD   VIBRATO
COLOURHAZE   JEFFBECK   WILLHOGE
DARKSTAR   LITE
DAVEMELILLO   MIDNIGHTOIL

Puzzle #102

ROCK MUSIC

```
H  C  E  E  O  T  R  I  P  L  E  S  T  O  P
G  H  L  S  V  N  T  J  P  P  N  Y  E  K  V
K  R  W  D  U  H  A  Q  X  Z  S  H  L  H  R
S  I  U  N  Y  O  C  T  O  I  N  L  B  Z  U
T  S  J  M  G  O  H  N  E  V  A  E  H  J  O
G  T  L  N  O  X  B  N  O  A  K  N  J  F  G
K  I  A  O  B  N  L  E  I  L  G  Z  O  Z  D
L  E  W  R  S  T  A  O  I  F  Q  O  Z  M  P
P  Z  X  S  R  K  C  L  Y  D  F  O  N  K  B
U  A  U  A  X  E  K  E  L  R  D  I  X  I  Y
X  K  N  L  E  H  T  O  P  I  D  E  R  U  R
R  U  I  Q  V  D  U  L  O  S  G  H  J  G  V
X  J  S  C  W  Q  S  V  I  D  E  N  U  C  T
H  L  O  V  Z  Z  K  F  Q  F  H  R  A  V  P
H  M  N  R  Y  A  N  A  D  A  M  S  N  I  V
```

AXE	HEAVEN	RYANADAMS
BLACKTUSK	IANGILLAN	TRIPLESTOP
CHRISTIE	MONA	UNISON
EDDIEBOYD	RATT	
FILTER	RESPECT	
GRIFFINHOUSE	RINOGAETANO	

Puzzle #103

ROCK MUSIC

```
M  D  U  I  P  Q  D  R  I  B  E  U  L  B  G
B  R  E  K  L  A  W  T  T  O  C  S  A  V  Y
L  T  B  O  T  B  N  E  Z  E  X  M  N  T  Y
O  V  S  A  T  N  Q  C  E  M  N  Y  D  N  A
N  S  W  U  R  Q  A  H  Y  R  O  T  O  T  K
D  W  K  Y  L  R  Q  L  U  J  A  C  N  C  J
E  A  A  O  D  D  Y  O  P  B  F  V  P  M  A
R  M  J  R  S  N  I  A  R  T  E  K  I  L  I
E  B  O  I  F  P  E  O  D  A  R  G  G  H  F
D  K  C  A  M  A  Q  I  R  A  P  E  G  J  S
H  G  E  N  M  W  R  I  U  D  M  P  B  M  S
E  Z  K  T  R  A  X  E  O  R  N  S  A  O  J
A  T  C  H  P  A  R  G  O  T  U  A  O  M  R
D  A  C  I  R  T  E  M  M  Y  S  A  Q  N  E
V  W  M  N  O  H  W  V  W  V  G  U  B  Z  H
```

ANDROIDLUST   ILIKETRAINS   SHIVAREE

ASYMMETRIC   LANDONPIGG   TOE

AUTOGRAPH   ORAPPA   TOTO

BARRYADAMSON   ORIANTHI   WARFARE

BLONDEREDHEAD   ROBERTPLANT

BLUEBIRD   SCOTTWALKER

Puzzle #104

ROCK MUSIC

```
S E W R S L L E B S L L E H C
I D V F O K Y Z Y Q W S I B Q
C J V H A T V L X H C F Y J O
Z S O R D W A R V E S N L S T
J M D E O G N I R T S T I J E
B E Y R S L Y R D H L K S R R
E M F R O A Y B H A L S A U R
Y V X F T L T A S T L U C X Y
O I I Z B S F R T C K G O O K
W D M D Y U I O I S U I L B A
V G T K W M C N E A E G E A T
W E F G G O Z K I S N M M S H
Y R E P P I L S L M U I A F P
F Q B Y C S X S B E Q O N J Q
N I A R T Y R E T S Y M H C K
```

BARON	JAMESTAYLOR	SLIPPERY
CSS	JEFFBUCKLEY	SLOWDIVE
DWARVES	JOESATRIANI	STRING
GLADIATOR	LISACOLEMAN	TERRYKATH
HELLSBELLS	MINISTRY	
HOUSEOFLORDS	MYSTERYTRAIN	

Puzzle #105

ROCK MUSIC

```
F  T  H  U  N  D  E  R  O  Y  B  X  H  I  T
R  E  I  L  S  S  L  D  M  S  H  U  T  H  G
C  J  N  R  A  L  L  O  F  M  E  P  I  C  U
J  A  F  W  I  E  G  I  L  B  F  D  L  P  I
R  M  R  N  O  P  C  I  E  E  X  D  J  D  T
M  E  R  E  W  R  S  W  G  V  X  Z  X  T  A
C  S  G  O  L  O  B  E  I  L  E  R  O  N  R
S  M  T  G  L  L  D  N  K  D  O  H  X  C  T
M  C  Y  N  A  Y  I  K  O  U  L  E  T  B  O
S  M  S  S  I  J  A  M  A  S  D  A  L  T  W
U  U  E  M  M  A  K  T  E  E  K  E  V  O  N
P  R  G  Y  M  W  S  C  K  V  R  C  H  I  H
U  T  A  H  V  A  Y  E  I  C  E  B  A  T  V
W  R  L  C  Q  V  H  F  H  M  I  T  Y  J  A
O  Y  L  K  O  R  N  D  A  T  X  M  S  R  V
```

ALLOFME	JAMESMCMURTRY	THEVEILS
BREAKDOWN	MICKJAGGER	THUNDER
ELO	MICKTAYLOR	TYSEGALL
GUITARTOWN	STEVEMILLER	VIVALDI
HOLE	THEDUKESPIRIT	
JACKSONBROWNE	THESAINTS	

Puzzle #106

ROCK MUSIC

```
B  S  M  Y  O  K  K  K  A  W  W  Q  J  W  I
P  K  K  L  G  K  N  R  P  A  N  A  M  A  F
D  P  B  C  L  F  C  A  F  J  T  Q  Z  R  Q
P  A  A  K  A  E  T  E  T  W  Y  H  S  A  X
R  W  C  C  S  J  W  A  N  S  L  K  T  W  B
N  Q  H  P  L  K  Y  S  M  E  A  W  O  W  V
S  P  M  L  R  G  I  R  T  E  L  B  W  S  Q
H  D  A  D  J  F  N  D  R  N  J  T  O  Q  V
E  Z  N  E  K  O  C  A  S  E  E  S  T  O  R
L  Q  X  U  U  G  D  K  F  N  T  R  V  O  H
L  I  F  E  H  O  U  S  E  D  J  N  R  Y  B
A  A  R  E  H  B  X  A  L  R  E  X  F  U  C
C  B  B  U  X  U  O  O  C  R  H  R  A  H  C
Y  Y  C  W  I  C  W  B  L  J  M  S  W  H  T
K  Z  J  S  O  K  T  H  E  M  O  T  E  L  S
```

BACHMAN	JEM	SKIDS
BOBHUND	LIFEHOUSE	TERRYJACKS
BOTTLENECK	NEKOCASE	THEMOTELS
BUCK	PANAMA	
CURRENTSWELL	REDFANG	
HOOBASTANK	SHELLAC	

Puzzle #107

ROCK MUSIC

```
E U R V N Y N O M R A H N L T
R Q E G X M A J E H T C U O H
X R E G N A R T H G I N Q C E
D Y D O B D I L O S E V J O S
R E K C O C E O J F L Y I N C
V M E E L T Y L N O S A J W O
J B O Y E C O M O V A F S T R
K E E E D A F S S O R C E H P
V Q N K N O R N A V E V A D I
P N P R K J W O T R E D N U O
S T E K C I R C E H T M R H N
U J A D Y Z F R A M P T O N S
H H Q I G R A V E N H U R S T
M A R K R O N S O N P Y W W P
I T S O K B U U P P A F M A W
```

CROSSFADE
DAVEVANRONK
FRAMPTON
GRAVENHURST
HARMONY
JASONLYTLE

JOECOCKER
MARKRONSON
NIGHTRANGER
OYECOMOVA
SLASH
SOLIDBODY

THECRICKETS
THEJAM
THESCORPIONS
UNDERTOW

Puzzle #108

ROCK MUSIC

```
E  W  S  G  R  P  O  B  O  N  S  C  O  T  T
K  Y  P  G  I  E  W  N  D  Q  X  R  O  E  B
S  M  Q  V  T  W  T  H  A  M  N  U  S  J  P
L  E  D  N  E  R  G  A  I  I  L  X  P  I  E
B  W  G  P  R  E  N  I  C  O  T  L  R  M  N
L  D  K  M  J  B  V  M  B  R  C  N  R  V  G
R  Z  Y  C  Y  A  R  O  C  W  A  E  A  Y  W
F  Z  L  L  E  W  S  A  L  L  L  I  B  S  S
A  P  H  T  M  B  W  C  N  T  G  A  I  U  A
X  R  E  X  T  R  E  M  O  D  U  R  O  D  X
V  I  X  M  L  O  V  E  B  A  T  T  E  R  Y
F  U  W  A  Z  E  N  I  L  C  Y  S  T  A  P
O  J  P  S  N  Y  T  R  A  M  N  H  O  J  F
C  S  E  N  U  T  P  E  N  E  H  T  Q  N  X
S  R  E  L  G  N  A  R  T  S  E  H  T  D  F
```

BECK	GRENDEL	SANTIANO
BIGWIG	HAIM	THENEPTUNES
BILLASWELL	JOHNMARTYN	THESTRANGLERS
BONSCOTT	LOVEBATTERY	TLOVE
BRANDTSON	NICO	
EXTREMODURO	PATSYCLINE	

Puzzle #109

ROCK MUSIC

```
S  C  T  A  L  P  I  N  E  T  I  R  S  O  M
L  G  O  K  L  F  N  T  U  E  U  P  S  M  O
S  A  T  O  M  I  C  R  O  O  S  T  E  R  C
U  W  J  M  J  S  Q  M  M  A  R  G  U  O  L
T  Q  E  G  J  H  G  L  H  X  W  P  Q  U  O
H  H  X  L  I  E  I  N  A  I  R  T  A  S  U
E  R  S  V  L  Z  E  T  Y  I  X  C  D  W  D
B  D  R  I  B  W  E  R  D  N  A  W  Q  I  N
L  E  V  O  L  Y  E  N  T  R  U  O  C  T  O
O  B  T  X  N  E  K  Y  H  I  V  U  F  C  T
O  C  S  E  R  J  T  A  N  K  I  A  N  H  H
D  Z  L  K  D  K  S  V  R  J  R  C  P  F  I
A  L  Z  I  T  F  E  F  E  D  O  B  S  O  N
R  Q  D  T  L  A  S  A  C  U  R  E  V  O  G
M  E  Y  S  S  U  M  M  E  R  F  E  S  T  S
```

ALPINE	FISH	SWELL
ANDREWBIRD	LOUGRAMM	SWITCHFOOT
ATOMICROOSTER	MOSRITE	THEBLOODARM
CLOUDNOTHINGS	SATRIANI	VERUCASALT
COURTNEYLOVE	SERJTANKIAN	
FEFEDOBSON	SUMMERFEST	

Puzzle #110

ROCK MUSIC

```
V  R  J  R  U  A  S  O  N  I  D  C  B  C  W
N  O  I  T  R  O  T  S  I  D  A  I  D  E  N
T  E  B  E  X  G  P  N  T  W  L  E  U  R  G
H  V  Z  N  C  I  X  O  N  T  C  Q  J  H  V
E  M  G  C  O  N  O  R  O  B  E  R  S  T  U
W  N  I  K  E  O  A  Z  W  P  S  K  O  W  U
A  D  N  V  L  V  D  V  G  V  T  E  C  D  W
L  O  Z  D  T  A  B  N  Y  W  K  O  Y  I  C
L  T  Q  U  C  N  W  Z  A  O  B  I  P  H  P
T  R  U  T  H  N  D  R  W  F  F  B  R  T  I
F  H  O  L  L  E  D  R  O  B  L  O  G  O  G
M  Y  G  M  E  L  A  N  D  K  I  M  M  Z  C
W  R  N  O  I  L  A  S  A  Y  A  D  E  N  O
L  R  E  G  N  I  R  R  E  D  K  C  I  R  N
F  L  E  E  T  W  O  O  D  M  A  C  B  C  Z
```

AIDEN
ALCEST
CONOROBERST
DINOSAURJR
DISTORTION
FLEETWOODMAC

FOYVANCE
GINOVANNELLI
GOGOLBORDELLO
MELANDKIM
ONEDAYASALION
PICKETT

RICKDERRINGER
THEWALL
TRUTH
WALK

Puzzle #111

ROCK MUSIC

```
L  T  G  H  R  O  S  E  B  U  D  H  K  H  U
V  T  F  Z  C  W  K  R  S  C  G  O  R  B  U
N  Z  A  H  X  N  R  B  F  M  O  L  K  P  N
Y  P  R  E  G  N  I  F  D  A  B  L  I  Y  E
R  A  A  T  S  N  D  F  S  A  J  Y  P  N  Z
H  O  Q  C  H  E  A  P  T  R  I  C  K  S  Y
G  L  U  S  N  E  N  M  G  M  N  O  M  I  R
S  O  E  T  O  A  C  O  U  L  U  N  V  X  E
Z  N  T  T  O  K  M  O  T  H  M  L  E  S  J
J  U  J  T  Z  W  D  R  A  F  G  A  Q  T  R
Q  T  M  E  H  U  K  W  A  S  E  N  F  R  U
S  I  P  K  R  A  E  H  T  T  T  D  G  I  P
C  N  Q  P  C  O  R  G  A  N  I  E  W  N  Q
C  I  P  C  N  U  I  D  P  A  H  U  R  G  Q
S  N  I  G  G  I  H  Y  S  S  I  M  G  S  Z
```

BADFINGER	GOTTHARD	ROSEBUD
CHEAPTRICK	GUITARMAN	SIXSTRING
CORGAN	HOLLYCONLAN	THEARK
DEFTONES	HUMAN	THECOASTERS
FARAQUET	MISSYHIGGINS	
FINCH	PAOLONUTINI	

Puzzle #112

ROCK MUSIC

```
K I S A K S F Q F L O W T B D
E X R E R N T M G X P X E G J
V R K O R O O H E S Q K R W L
N E T H N U M S I N O M R E B
T O T S Y A T I L O O S Y S U
H R N A E S N N T I Y M R W Y
E F E N L H S D E L W M E A A
O P V K E O C E W V A Y I N E
N R E X A L C R B I E B D L A
L A R I U E N O O Y N H F A P
Y X M X Y L P A H L S E T K F
O D I Z W B C S I C L S Z E H
N K N K Q K Y L P L T E E H F
E C D I D M Z N R S U O B R T
S W O D A H S E H T B J H B D
```

BALTIMORA

BELLORCHESTRE

DRESSYBESSY

HOTCHOCOLATE

IRONANDWINE

JULIANLENNON

MENOMENA

NEVERMIND

SPEAKER

SWANLAKE

TERRYREID

THEONLYONES

THESHADOWS

THEVENTURES

WILSON

WOLF

Puzzle #113

ROCK MUSIC

```
K M U N O S Y R B O B A E P R
R U I N S S T E R E O L A B S
Y U P X W J E S L P H R Y C M
A G Q E I O R E U P R C Z K X
R E E M E O R O U B I I S U V
D E T R A L O B R A U C I P W
B T D V F J S N N E C C S W U
I B B S Q X V R Y Y X O N I M
R U E X P P N E O K L N Z I D
D V H V I A H X B F V E M K J
S H A M M E R O N E R Y C L G
P J V P Y S A O P N K O J O Q
E T G I C G G F W B M U M Z J
T R O A D R U N N E R T L R F
Y E L K C U B M I T S H V V A
```

ARMORFORSLEEP

CICCONEYOUTH

DISCIPLE

HAMMERON

INCUBUS

JOCELYNBROWN

LUKE

PEABOBRYSON

PNK

REDSPAROWES

ROADRUNNER

RUINS

STEREOLAB

TIMBUCKLEY

YARDBIRDS

Puzzle #114

ROCK MUSIC

```
C E B E T T E N C O U R T U N
T K I U G O F X U L J H X N F
W I N G S B T L S L U J W H Q
N R D N A M G R E B T I R A M
N A Q E S S O H S S O B E H T
I C L N A W S Y L L I B F Z O
C W T W E D D O T W F L P K C
K L H S C W M C L E B E R S G
E V E D Q R O E V G S Z U E O
L F G Q N S A L A L Y I I V K
B M U R D E R B Y D E A T H N
A P N M R L E N E L O V I C H
C E M T O Q Y W H W D W R A Z
K C A R R A C L U A P H L F K
G W R E A L L Y G O T M E Q E
```

BETTENCOURT
BILLYSWAN
DEADMEADOW
KERLI
LENELOVICH
MARITBERGMAN

MURDERBYDEATH
NICKELBACK
OWEN
PAULCARRACK
REALLYGOTME
REBEL

SELF
THEBOSSHOSS
THEGUN
WINGS

Puzzle #115

ROCK MUSIC

```
M  I  T  A  N  L  S  T  D  I  R  C  W  B  T
E  O  E  A  M  I  Y  E  Y  H  X  T  J  Q  O
L  S  N  R  C  U  A  D  M  L  C  O  F  P  R
E  K  O  O  U  P  X  T  I  A  Q  S  W  Y  I
S  B  N  R  T  T  E  W  N  A  R  V  M  W  A
Y  K  R  L  Y  Q  L  H  H  U  L  F  E  E  M
M  M  D  R  A  C  R  U  M  O  O  U  E  S  O
A  N  T  N  O  W  U  E  C  R  S  M  N  H  S
R  C  M  H  G  V  D  L  S  S  E  N  G  C  T
I  N  N  E  R  C  I  T  Y  I  U  W  E  I  H
P  L  O  V  L  P  P  V  G  L  M  S  O  X  B
M  D  U  S  G  O  E  A  R  N  H  T  E  R  T
A  X  Q  I  W  Q  L  D  M  U  P  W  A  J  T
G  E  U  Q  B  A  L  K  B  C  S  B  K  E  K
Z  X  P  W  W  V  L  R  U  S  V  V  X  R  H
```

AXELRUDIPELL	LAWSON	TORIAMOS
BIGMOUNTAIN	LUCYROSE	TROWER
HEATMISER	LYDIALUNCH	WHOSNEXT
HEPCAT	SURVIVOR	
INNERCITY	SYMARIP	
JESUSCULTURE	THEFRAMES	

ROCK MUSIC

```
N  T  D  K  N  O  S  I  R  R  A  H  L  V  V
B  T  H  E  S  U  R  F  A  R  I  S  T  P  I
I  U  O  H  Z  F  U  B  L  T  N  H  H  D  D
S  R  A  M  A  N  D  O  D  I  A  O  E  J  A
U  M  A  L  L  K  I  B  O  H  N  W  X  F  L
N  A  L  C  R  N  C  B  R  B  C  E  C  U  I
C  Z  T  L  O  U  A  Y  A  J  Y  I  E  K  C
I  J  S  B  E  O  N  V  W  N  K  G  R  B  E
T  P  H  T  Y  S  N  I  H  S  E  H  T  I  C
Y  Z  T  B  X  X  E  N  R  C  V  Z  S  L  O
G  L  J  N  Y  L  D  T  W  A  U  I  K  M  O
I  P  F  K  E  X  H  O  F  Y  F  P  Y  R  P
R  T  V  E  E  H  E  N  B  U  H  U  Y  B  E
L  D  J  X  Q  N  A  E  L  C  M  N  O  D  R
S  U  B  W  A  Y  T  O  S  A  L  L  Y  O  P
```

ALICECOOPER	HOWE	SUNCITYGIRLS
BOBBYVINTON	IBANEZ	THESHINS
CANNEDHEAT	MANDODIAO	THESURFARIS
DONMCLEAN	NANCY	THEXCERTS
FARINURLAUB	RACOON	
HARRISON	SUBWAYTOSALLY	

Puzzle #117

ROCK MUSIC

```
U  Y  O  T  S  N  I  A  G  A  E  S  I  R  G
S  E  R  U  T  A  E  F  E  H  T  E  Q  P  F
L  Y  Z  K  C  Y  S  B  W  G  Y  D  O  D  B
W  N  A  I  B  A  S  A  K  R  C  B  Y  L  B
S  A  N  D  M  A  N  F  I  R  P  Y  M  I  P
R  A  R  E  E  A  R  T  H  O  X  I  J  B  H
Q  M  R  E  L  I  E  N  T  K  W  H  M  J  A
E  P  R  H  G  K  W  M  Z  A  T  S  F  L  V
S  B  S  Y  E  K  N  O  M  C  I  T  C  R  A
V  L  S  Q  T  M  A  C  H  I  N  E  G  U  N
N  U  E  H  O  R  Y  N  A  R  U  A  L  Y  T
R  G  T  S  O  Z  K  I  D  A  B  E  L  H  A
H  L  N  I  S  T  H  E  M  A  T  C  H  E  S
M  T  X  N  P  E  T  R  U  C  C  I  N  L  I
C  T  Z  H  E  A  V  Y  M  E  T  A  L  Y  A
```

ARCTICMONKEYS

AVANTASIA

HEAVYMETAL

HOWIEDAY

KASABIAN

KIDABELHA

LAURANYRO

MACHINEGUN

PETRUCCI

RAREEARTH

RELIENTK

RISEAGAINST

SANDMAN

THEFEATURES

THEMATCHES

VESSELS

ROCK MUSIC

```
B  Y  V  T  S  L  A  M  I  N  A  E  Z  P  Q
M  L  S  D  V  A  Q  T  I  K  D  W  O  N  R
N  C  U  L  G  V  N  I  A  R  T  W  O  L  S
J  R  H  E  L  D  O  N  E  X  I  V  H  K  U
K  E  U  I  S  I  Y  V  O  D  M  F  I  Y  C
C  C  N  B  C  B  K  M  F  D  M  G  M  T  L
S  E  E  N  K  K  R  Y  I  A  E  Y  M  H  U
W  D  O  B  Y  C  E  O  T  K  I  H  O  J  A
I  Z  A  K  N  L  O  N  T  I  R  P  T  M  H
S  W  W  Z  E  I  E  C  F  H  V  A  F  P  B
V  O  I  Z  P  G  B  W  E  O  E  A  B  A  E
R  I  K  F  K  Q  U  O  I  C  O  R  R  J  G
S  T  Y  L  E  M  V  E  R  S  U  T  S  G  T
T  Y  L  E  R  H  I  L  T  O  N  R  U  L  Z
T  X  C  E  N  I  H  C  O  D  N  I  B  Q  P
```

ANIMALS	INDOCHINE	STYLE
ARK	JENNYLEWIS	THEDONNAS
BLUESBROTHERS	KMFDM	TYLERHILTON
BRUCECOCKBURN	MGMT	VIXEN
CHICKENFOOT	ROBINBECK	
GRAVITYKILLS	SLOWTRAIN	

Puzzle #119

ROCK MUSIC

```
P  W  T  A  Y  L  O  R  S  W  I  F  T  M  G
L  L  A  W  N  O  T  S  G  N  I  K  N  K  T
S  N  X  N  T  H  E  R  A  S  C  A  L  S  H
D  E  N  T  W  Z  V  S  U  L  H  M  J  I  E
T  A  E  H  T  O  H  T  O  H  X  A  P  J  P
T  Y  S  T  O  E  R  E  L  S  B  V  U  T  E
Z  X  H  H  H  B  F  B  L  I  T  Z  G  N  R
G  M  K  C  E  E  L  F  R  P  A  A  C  L  I
Y  R  Z  F  S  T  R  A  U  U  T  R  C  M  S
T  B  A  U  N  A  O  T  G  B  H  Y  S  L  H
T  U  Z  V  W  A  T  N  H  G  Y  T  B  G  E
K  N  V  R  Z  Z  V  S  D  A  A  M  R  I  R
J  G  A  W  H  Q  X  F  U  Y  X  R  M  A  S
U  L  M  J  T  U  L  U  Z  M  P  G  D  I  S
B  E  Z  L  E  Z  A  H  R  E  T  S  I  S  J
```

ARTHURBROWN	JIMMYBUFFETT	SISTERHAZEL
ASHETON	KINGSTONWALL	TAYLORSWIFT
BLAGGARDS	LIARS	THEPERISHERS
BLITZ	MRBUNGLE	THERASCALS
HELP	MUSTASCH	
HOTHOTHEAT	SEETHER	

Puzzle #120

ROCK MUSIC

```
R  A  K  E  N  R  H  U  A  P  P  T  A  I  L
C  A  G  F  T  I  E  Y  M  E  N  E  E  H  T
P  R  T  N  E  L  A  T  Y  L  L  I  B  H  A
E  I  A  S  I  S  M  L  U  D  P  P  K  Z  L
O  T  E  F  B  T  O  Y  E  E  A  T  Y  B  K
S  I  F  Z  O  U  U  J  M  D  D  A  Q  W  I
Y  D  D  P  A  N  D  M  K  M  M  X  X  T  N
W  E  Y  N  O  G  A  F  O  E  F  I  L  X  G
J  O  D  E  L  L  I  O  T  M  I  N  O  R  H
N  P  C  I  R  P  R  K  J  V  Z  N  F  J  E
F  P  W  T  P  I  N  K  G  U  I  T  A  R  A
Y  F  X  P  A  S  K  M  I  Q  F  O  L  F  D
Q  S  E  R  E  V  I  R  D  E  V  R  E  W  S
Z  G  Y  Z  P  I  E  R  S  G  L  J  X  E  R
J  X  K  V  A  E  K  G  L  P  K  D  I  O  U
```

BILLYTALENT
DELAIN
DEUTER
DUBSTAR
ELLIOTMINOR
JOANOFARC

JOSEFK
LIFEOFAGONY
MUTING
OCTAVE
PINKGUITAR
SPIDEY

SWERVEDRIVER
TALKINGHEADS
TAXI
THEENEMY

Puzzle #121

ROCK MUSIC

```
I  M  E  O  P  X  J  S  C  T  X  K  L  R  L
Y  B  E  O  P  E  O  I  X  J  F  M  O  V  I
C  R  L  H  Y  Z  H  A  B  P  I  M  T  T  X
S  K  R  L  F  B  N  W  Y  H  Z  T  S  T  S
I  E  I  A  F  G  D  Q  A  I  E  U  E  U  I
U  Y  N  L  H  O  O  K  U  L  D  D  V  U  A
H  J  O  R  N  H  E  M  C  O  W  O  E  E  S
A  L  I  M  A  C  A  T  S  C  S  T  N  U  X
I  C  F  N  A  B  O  R  U  H  C  C  D  L  S
S  C  T  V  F  N  E  K  O  S  K  P  U  B  P
W  S  B  I  M  A  A  V  X  B  M  X  S  C  Z
W  W  I  Q  O  X  D  K  A  X  E  H  T  C  O
I  A  V  F  S  N  B  E  I  D  U  D  T  K  I
R  A  E  D  F  S  O  U  L  T  O  S  O  U  L
T  I  A  B  R  E  D  I  P  S  Z  S  I  T  X
```

ACTION

CAMILA

DAVEBARNES

DEBORAHHARRY

FOETUS

INFADELS

JOHNDOE

JORN

MANA

PHILOCHS

SEVENDUST

SMOG

SOULTOSOUL

SPIDERBAIT

SUEDE

Puzzle #122

ROCK MUSIC

```
S  E  T  Q  S  H  Q  O  D  T  J  D  C  P  B
K  T  N  T  V  T  C  Z  V  Q  P  X  D  V  D
I  I  I  O  E  C  N  E  S  S  E  R  U  P  I
L  B  N  A  S  R  K  E  W  U  K  O  U  K  M
L  L  S  G  W  T  E  M  D  M  T  W  H  O  E
E  E  A  G  C  M  A  V  P  N  W  A  W  U  B
T  D  N  O  M  R  O  W  E  F  E  E  E  L  A
I  Z  T  H  S  A  I  T  K  Y  A  C  I  H  G
T  E  A  S  J  I  S  M  W  C  T  O  S  O  W
A  P  N  S  T  M  M  Q  S  O  I  T  F  E  R
S  P  A  G  Y  W  B  N  U  O  R  R  E  N  D
V  E  R  Y  R  U  C  R  E  M  N  D  T  B  W
F  L  T  U  A  N  N  A  C  A  L  V  I  A  V
P  I  J  R  E  T  R  A  C  K  C  I  N  K  P
J  N  Q  L  R  N  I  E  W  J  G  B  L  C  S
```

ANNACALVI	MERCURYREV	SKILLET
BETTYEVERETT	NICKCARTER	TITAÃS
DESCENDENTS	PATRICKWATSON	TOMWAITS
DIMEBAG	PURESSENCE	WHEATUS
KINGCRIMSON	SANTANA	
LEDZEPPELIN	SKIDROW	

Puzzle #123

ROCK MUSIC

```
Z  G  S  R  J  O  H  N  W  A  I  T  E  J  P
E  R  Y  G  O  L  K  F  N  M  U  T  U  A  J
I  N  U  R  N  N  O  D  O  T  S  A  M  S  P
V  A  R  Q  R  U  Y  T  W  Z  I  X  S  O  Z
T  G  Y  U  W  E  O  A  G  F  A  P  D  N  R
N  N  W  O  O  H  H  Y  G  Z  G  G  C  I  J
O  X  B  Z  L  B  A  C  L  A  P  U  T  S  W
X  V  S  U  O  E  S  D  K  I  I  D  S  B  J
E  M  U  N  O  T  S  O  B  C  E  R  X  E  E
O  R  G  O  N  E  U  S  Y  W  U  N  O  L  R
G  M  U  P  V  X  E  M  A  L  L  B  O  L  D
D  M  L  L  S  I  B  D  E  R  L  H  F  K  G
A  I  S  W  I  R  L  I  E  S  C  E  V  I  N
J  E  S  S  E  A  N  D  J  O  Y  W  K  C  J
G  E  T  T  O  F  F  F  C  I  D  U  T  B  M
```

AUTUMN
BOSTON
BUCKCHERRY
CRASS
FAILURE
GETTOFF

GLORIAGAYNOR
JASONISBELL
JESSEANDJOY
JOHNWAITE
KELLYOSBOURNE
MASTODON

NEILYOUNG
ORGONE
SWIRLIES

Puzzle #124

ROCK MUSIC

```
Y  N  Y  K  A  O  D  O  W  N  L  O  A  D  P
E  S  V  L  P  B  Y  M  Z  J  W  E  I  S  E
V  I  G  Z  V  B  M  S  I  Z  H  L  T  Y  T
A  I  H  I  S  C  N  I  U  H  W  T  V  Z  E
R  C  Z  U  H  L  K  M  L  K  M  O  B  G  R
W  R  I  B  R  W  A  B  B  A  H  N  Q  C  M
I  L  A  T  L  R  E  T  G  U  K  J  Q  A  U
O  F  X  M  P  B  I  H  N  S  S  O  J  H  R
O  K  D  N  Y  Y  E  G  T  E  C  H  V  V  P
N  A  M  W  E  N  L  R  A  C  R  N  I  E  H
M  H  Z  K  M  V  N  A  Q  N  I  E  C  D  Y
G  Y  F  T  Y  O  U  H  C  Q  E  G  H  Z  O
E  L  I  H  C  O  O  D  O  O  V  S  A  T  U
S  W  B  U  Y  P  C  O  V  J  P  D  A  M  O
H  E  N  N  E  I  T  E  T  N  I  A  S  K  N
```

ABBA	EVO	SAINTETIENNE
APOCALYPTICA	HURRIGANES	THERENTALS
BUSHIDO	JOHNNYMARR	THEWHIGS
CARLNEWMAN	KALIMBA	VOODOOCHILE
DOWNLOAD	MAGIC	
ELTONJOHN	PETERMURPHY	

Puzzle #125

ROCK MUSIC

```
S  M  A  R  C  B  R  O  U  S  S  A  R  D  H
G  D  Y  E  D  O  U  B  L  E  N  E  C  K  A
S  R  N  O  L  G  I  T  T  E  R  N  Z  O  P
P  R  B  I  L  L  I  E  M  Y  E  R  S  O  P
Z  D  E  Y  M  E  E  R  L  L  V  G  M  C  Y
S  F  D  T  A  E  N  B  O  W  M  O  W  Y  M
G  E  T  B  H  K  L  Y  W  H  V  Z  G  T  O
V  Z  N  R  I  G  N  P  A  E  K  O  C  J  N
A  P  T  O  U  Z  I  I  M  P  R  Z  W  G  D
N  D  Y  W  J  Y  X  F  P  I  A  D  A  X  A
V  A  P  T  A  L  F  W  O  O  S  D  N  Y  Y
M  V  I  D  W  O  U  H  C  O  T  P  E  A  S
H  Z  T  S  S  I  V  A  R  T  F  P  S  R  P
L  D  C  M  I  E  R  B  P  S  T  P  E  D  F
B  I  L  S  L  L  I  R  H  T  E  H  T  P  F
```

ANDREWBELLE	FREDAPAYNE	SIMPLEMINDS
BILLIEMYERS	GITTERN	THETHRILLS
DOUBLENECK	HAPPYMONDAYS	TRAVIS
ELOY	MARCBROUSSARD	TTC
FLAT	PAULJONES	
FOOFIGHTERS	PEPTOPINK	

Puzzle #126

ROCK MUSIC

```
T  R  D  Y  L  R  O  E  Q  S  R  E  D  I  R
G  S  E  S  A  U  A  S  L  D  J  T  E  B  A
F  O  A  K  K  F  A  T  J  Q  B  O  U  G  N
F  E  T  O  C  I  U  P  A  Q  X  C  G  N  D
I  W  H  A  H  U  E  N  Y  B  Y  R  Z  Q  Y
P  H  S  F  E  C  R  H  K  L  L  I  V  D  N
O  D  T  E  S  R  Y  S  S  A  L  A  S  U  E
L  Q  A  A  U  R  O  S  U  N  D  I  N  Y  W
Y  U  R  D  D  H  A  S  P  I  A  E  B  C  M
S  T  S  Q  A  N  I  E  M  R  R  C  L  Z  A
I  H  R  K  K  C  I  L  D  I  O  A  N  I  N
C  I  T  U  A  K  W  R  I  E  T  T  D  U  C
S  B  L  E  C  F  F  C  B  A  H  H  O  I  D
W  W  P  Q  P  K  C  H  O  L  D  T  A  M  R
H  I  W  X  F  O  S  R  F  U  U  Y  B  T  Q
```

AEROSMITH	FUNKADELIC	RATABLANCA
BILLYPAUL	LICK	RIDERS
CHESUDAKA	MOTORPSYCHO	THEDEARS
DARIUSRUCKER	OPETH	TRUCKS
DEATHSTARS	POLYSICS	
DUNCANSHEIK	RANDYNEWMAN	

Puzzle #127

ROCK MUSIC

```
C H R I S M O N T E Z I G U N
M P R U E D A S S A B M A S M
M I S N I L L O C Y S T O O B
C H T I S E I P P U P K C I S
I N I A B O C T R U K B M U K
K G W A R E C S I B A S D N Y
S X G D N E G E L S I E H G P
M R L N P O C I N M U A Z R V
C E K C O R K O E N O Z S G W
L T G S X B D U V P A V G C C
U B G N I N E P P A H T A E B
S M H R K M L V M Q T R O E L
K R E W T F A R K D F S J S B
Y D F W B V Y D O B S A U L E
H A Y Z L O S L O B O S A G K
```

BEATHAPPENING

BODY

BOOTSYCOLLINS

CHRISMONTEZ

DELAYS

GUN

GUSTAVOCERATI

GWAR

HEISLEGEND

KRAFTWERK

KURTCOBAIN

LOSLOBOS

MCLUSKY

ONEOKROCK

SAMBASSADEUR

SICKPUPPIES

Puzzle #128

ROCK MUSIC

```
T  G  Y  N  I  N  A  N  E  S  B  I  T  T  M
Q  W  M  L  J  S  U  P  E  R  G  R  A  S  S
N  B  D  Y  R  U  X  X  R  I  O  I  B  L  K
L  L  K  L  S  E  D  Y  P  G  L  O  S  T  A
L  U  M  S  G  G  D  Y  S  O  H  F  E  U  E
D  E  G  I  M  F  Q  R  A  R  C  Z  I  A  U
J  R  E  W  Y  J  E  O  E  N  E  A  R  N  E
M  O  D  T  C  A  Y  X  D  H  D  P  N  N  N
X  D  G  X  S  U  H  W  N  U  F  M  I  O  P
Y  E  P  G  A  V  I  N  D  E  G  R  A  W  M
B  O  N  N  I  E  R  A  I  T  T  K  E  R  I
T  S  E  V  R  A  H  G  X  L  F  V  M  N  Y
S  R  A  E  B  Y  D  D  E  T  O  S  Q  U  A
H  H  Q  G  Y  U  C  M  D  M  R  C  V  R  O
Q  T  G  R  I  C  H  I  E  H  A  V  E  N  S
```

BLUERODEO

BONNIERAITT

COLINHAY

GAVINDEGRAW

HARVEST

JUDYANDMARY

MONACO

NEILFINN

NERFHERDER

NINANESBITT

PGLOST

RICHIEHAVENS

STEEL

SUPERGRASS

TEDDYBEARS

WIPERS

Puzzle #129

ROCK MUSIC

```
M  O  N  T  Y  P  Y  T  H  O  N  H  R  Q  P
V  M  S  N  E  R  E  L  F  U  N  Z  Y  L  H
T  Z  U  O  A  A  E  C  C  T  F  B  Z  J  F
E  J  C  M  Y  M  L  G  I  A  R  F  A  S  P
V  A  Q  A  C  D  D  A  N  D  W  D  X  A  P
V  N  P  A  C  E  H  E  H  A  K  M  I  V  N
I  H  I  Y  G  I  S  O  R  M  L  C  S  L  U
A  A  U  K  U  L  L  S  P  F  C  S  A  G  Q
N  M  L  V  A  G  J  L  O  A  N  I  D  L  H
H  M  T  V  N  J  Y  T  A  I  L  A  E  A  B
U  E  V  G  O  M  V  D  W  T  M  O  M  D  M
N  R  O  A  A  Q  Z  O  D  H  A  U  N  U  U
T  G  N  L  P  V  O  P  N  U  O  E  F  G  T
E  Y  L  F  E  H  T  P  R  V  B  M  B  O  L
R  J  A  W  S  E  P  U  L  T  U  R  A  U  S
```

ADAMFAITH	HOPALONG	MONTYPYTHON
AXIS	IANHUNTER	SADE
BEATALLICA	JANHAMMER	SEPULTURA
BLACKDICE	MADSLANGER	THEFLY
BUDDYGUY	MANFREDMANN	
GUANOAPES	MIOSSEC	

Puzzle #130

ROCK MUSIC

```
Z N R E I G N I N G S O U N D
Z Q A A O S G R E E N W O O D
E J Q R S T N A L L A G O W T
J H O D H A N O D O K R Z T Q
F M E E O C X P X I E R G H M
I N J L L R O A Z A N P T E I
G L E C L P L C R Z L U S V C
A H F M M O L E E B S K L E K
B V F C X J W A X I A K O R H
Z X L P B U W E S A D V Q O A
O H Y C Z R R Z E K D D P N R
O S N C U A H I R N E I E I V
T H E J E Z A B E L S T V C E
V Y T H E B R A V E R Y T A Y
Z O U R L A D Y P E A C E S D
```

ABRAXAS	JOELPLASKETT	THEJEZABELS
DAVIDAXELROD	KLAXONS	THEVERONICAS
EDDIECOCHRAN	MICKHARVEY	TWOGALLANTS
GREENWOOD	OURLADYPEACE	UNIDA
HELLOWEEN	REIGNINGSOUND	
JEFFLYNE	THEBRAVERY	

Puzzle #131

ROCK MUSIC

```
H  M  R  T  V  O  N  T  H  E  R  A  D  I  O
C  E  B  E  A  E  B  A  U  C  J  U  U  J  S
C  G  X  I  L  C  D  Y  P  B  E  J  I  D  N
B  A  T  T  L  E  S  I  S  W  C  R  H  F  Z
N  D  N  O  I  L  V  I  S  C  A  J  T  S  Y
F  E  T  G  W  F  Y  A  B  Y  M  Z  S  S  S
W  T  M  L  E  Q  M  R  R  Z  D  I  A  O  X
S  H  Q  V  K  L  Y  F  A  T  M  O  P  W  V
F  N  O  S  I  G  U  M  G  Y  S  Y  B  F  F
O  U  W  T  N  C  J  D  X  E  C  E  W  U  E
G  M  F  R  U  S  A  D  A  N  A  Y  U  E  R
D  A  E  D  L  U  F  E  T  A  R  G  R  L  E
F  W  K  I  X  N  V  P  E  Z  D  E  L  U  B
O  Z  J  F  R  E  S  H  C  R  E  A  M  E  S
W  E  W  Q  T  H  E  R  U  N  A  W  A  Y  S
```

ANGEL	FRESHCREAM	NADASURF
BATTLES	FUEL	THERUNAWAYS
BILLYRAYCYRUS	GRATEFULDEAD	TNT
BLUESTRAVELER	LEDZEP	TVONTHERADIO
BODYSIDE	MEGADETH	
EAGLES	MUGISON	

Puzzle #132

ROCK MUSIC

```
R D O C W A T S O N P G J V A
B E D G E N E C H A N D L E R
I I M S F D H L C O G K Q A O
E S F M A L L E R E D N I C Y
P G V T U F C U D U O N K O Q
J P D M H R L D O O K N V Z T
R X A I A E T V P M S A X T O
U Y X R L Z A S L K B M U R W
N C C M F O A N E K D O T E N
A M V O V D O H I O I V B C S
W W A I O O L C S M J U X K H
A V A R O D C O A Y A T M W E
Y F Z O I D E L G T X L R X N
C B G Q O N B R E G I O S E D
Q V B M C H O Y Z T J R F K B
```

ANEKDOTEN	GLAY	RUNAWAY
BOBMOULD	GOLDFRAPP	RYCOODER
CINDERELLA	JOESTRUMMER	THEANIMALS
DOCWATSON	MARINO	TOWNSHEND
FOXYSHAZAM	PVT	
GENECHANDLER	RITACOOLIDGE	

Puzzle #133

ROCK MUSIC

```
A  J  B  T  E  D  S  H  C  Q  W  D  H  S  K
S  M  Z  I  T  I  Z  Z  U  J  U  Z  W  P  I
F  P  Y  E  L  S  N  T  R  O  N  W  O  O  D
W  U  O  M  A  L  N  A  A  N  T  O  G  K  W
W  H  T  T  A  R  Y  Z  E  B  N  A  G  E  V
I  A  I  M  R  C  M  B  J  M  A  S  E  N  Q
U  B  N  T  E  U  D  A  R  T  N  N  Q  G  D
Z  F  E  A  E  O  O  O  N  A  J  E  A  U  F
L  V  U  K  M  S  S  F  N  D  G  L  E  U  N
W  K  R  X  A  O  N  R  T  A  I  G  C  R  G
J  R  O  M  E  D  W  A  A  F  L  N  J  T  G
M  W  S  C  D  U  A  A  K  L  D  D  H  I  K
K  N  I  I  F  Y  Q  V  L  E  C  R  K  O  I
A  H  S  J  O  S  H  U  A  J  A  M  E  S  O
D  C  G  Y  R  K  Z  I  Z  R  D  Z  N  N  Y
```

AMYMACDONALD	JOSHUAJAMES	RONWOOD
ARMANDINHO	KADAVAR	SPOKEN
BILLYBRAGG	LAWOMAN	VEGA
FOURTOPS	MCLARS	WHITESNAKE
GREENMEANIE	NERD	
GUANABATZ	NEUROSIS	

Puzzle #134

ROCK MUSIC

```
R  J  T  Y  E  K  N  S  N  Q  U  R  I  P  X
G  U  B  H  P  W  P  X  D  R  S  B  R  N  E
N  A  S  I  G  L  A  D  A  L  L  O  V  E  R
T  N  N  E  V  I  F  T  N  U  O  C  K  F  Y
H  L  R  I  I  E  L  R  K  R  D  F  K  L  H
E  D  A  O  L  D  R  R  E  R  I  F  N  O  B
V  Y  S  G  S  L  D  T  O  J  C  D  E  E  R
I  L  P  Z  U  E  O  A  A  Z  E  U  Z  I  B
B  U  U  P  W  N  R  P  C  I  A  M  C  G  Z
R  K  T  T  P  Q  S  O  I  D  R  R  A  G  E
A  W  I  V  H  J  T  F  Y  C  A  O  V  N  P
T  A  N  R  G  T  H  P  L  C  W  M  L  M  R
O  Z  A  N  O  R  W  E  I  V  E  H  T  G  R
R  R  T  A  I  L  P  I  E  C  E  L  H  S  P
S  P  S  A  M  O  H  T  S  U  F  U  R  G  V
```

BENFOLDS	LAGUNS	RUFUSTHOMAS
BONFIRE	MADCADDIES	TAILPIECE
CIPOLLINA	RASPUTINA	THEVIBRATORS
COUNTFIVE	RAZORLIGHT	THEVIEW
GLADALLOVER	REED	
GLORIATREVI	ROSEROYCE	

Puzzle #135

ROCK MUSIC

```
F  S  I  V  A  R  T  Y  D  N  A  R  Z  Y  N
J  D  Y  Y  S  O  L  L  I  Z  E  R  E  H  T
C  H  R  O  N  I  C  F  U  T  U  R  E  Q  R
Z  V  S  G  B  W  E  T  W  E  T  W  E  T  O
M  W  A  R  R  E  N  H  A  Y  N  E  S  O  U
S  U  R  E  N  A  I  D  A  L  E  L  A  N  B
N  A  L  E  L  E  C  T  R  O  N  I  C  E  L
A  K  V  Y  E  H  M  Y  S  X  P  P  E  V  E
G  F  M  I  S  L  N  A  J  A  A  H  D  T  W
H  O  S  P  N  A  Z  E  G  X  E  C  L  K  Q
U  C  T  W  H  G  L  S  V  N  C  B  W  U  O
Z  A  W  W  A  Q  A  U  X  U  E  P  A  Q  Y
L  Y  M  P  K  Y  Z  B  O  P  I  T  T  Y  D
N  T  L  V  V  J  K  F  E  S  T  Z  U  U  S
O  L  A  R  R  Y  W  I  L  L  I  A  M  S  O
```

ALELADIANE	PITTY	TROUBLE
BEASTIEBOYS	RANDYTRAVIS	WARRENHAYNES
CHRONICFUTURE	SAVINGABEL	WETWETWET
ELECTRONIC	SOULASYLUM	
LARRYWILLIAMS	THEREZILLOS	
MAGNET	TONE	

Puzzle #136

ROCK MUSIC

```
H  A  G  T  Y  B  R  J  S  J  I  M  G  Q  A
R  V  X  N  O  E  R  E  T  S  A  D  O  S  V
C  S  E  K  A  H  S  A  M  A  B  A  L  A  O
D  W  O  L  X  G  F  X  C  X  X  E  B  M  X
N  M  S  W  S  E  O  R  E  H  A  Y  Z  B  T
E  K  N  A  B  T  F  E  L  E  H  T  O  R  R
C  D  E  E  L  N  I  V  L  A  A  A  T  O  O
K  J  W  S  A  M  R  O  B  E  R  T  S  W  T
R  S  A  H  U  J  T  P  A  N  R  A  F  N  D
M  R  W  M  G  C  M  E  D  B  I  J  B  C  F
A  T  D  I  E  T  O  T  E  N  H  O  S  E  N
O  C  L  C  X  S  L  F  D  Y  K  F  W  I  W
Y  T  N  O  P  C  U  L  N  A  E  J  T  E  X
E  N  W  F  A  G  E  V  E  N  N  A  Z  U  S
K  M  O  T  S  U  C  I  O  W  T  G  N  O  S
```

ALABAMASHAKES	JAMES	SONGTWO
ALVINLEE	JEANLUCPONTY	SUZANNEVEGA
CUSTOM	NECK	THELEFTBANKE
DIETOTENHOSEN	SAMBROWN	VOXTROT
FOCUS	SAMROBERTS	
HEROES	SODASTEREO	

Puzzle #137

ROCK MUSIC

```
P O N A N A H C U B Y O R G S
V L E T I T B L E E D U N B X
J L R R Y B N T D B P T D E O
N B L E R U T L U C P O P R N
Z T Y T I R O J A M R O N I M
N W A H O S V Y P U C H Q W O
H E N E F Y E L A H L L I B L
T B G P B R F B X F A V A Q E
T D F R O L F O X Y L A D Y T
H A H R A G O Z A C S L T Z A
R Z R Z X M B V U J O D I D A
H T I W S K A E T S T A E B D
Q Z V L O O S R E D I P S Q A
D D A N I E L P O W T E R S M
Y B L K H L U A M D N A H C S
```

BEATSTEAKS

BILLFAY

BILLHALEY

DANIELPOWTER

DIDO

FOXYLADY

LETITBLEED

MINORMAJORITY

NEGRAMARO

OLETAADAMS

POPCULTURE

ROYBUCHANAN

SCHANDMAUL

SEB

SPIDERS

VOLBEAT

Puzzle #138

ROCK MUSIC

```
S  T  E  L  E  V  I  S  I  O  N  W  T  S  T
T  A  P  P  K  N  X  T  S  N  V  M  H  I  D
H  H  Q  E  I  E  O  T  Q  F  Y  R  E  S  N
E  Z  S  U  P  T  I  Z  U  P  P  J  B  T  M
W  B  U  R  A  O  C  D  V  T  T  O  L  E  S
A  V  T  N  E  L  C  H  N  A  T  N  A  R  N
R  G  O  W  K  T  U  N  S  O  S  E  C  S  X
O  K  N  T  K  N  A  N  A  H  L  S  K  L  C
N  W  I  J  T  Y  S  W  G  I  I  B  O  E  M
D  X  C  M  E  A  M  S  R  R  L  F  U  D  G
R  K  P  A  R  A  M  O  R  E  Y  U  T  G  A
U  E  S  C  O  J  M  O  B  M  G  P  J  E  W
G  P  H  K  X  W  P  J  B  A  X  O  H  J  R
S  M  M  T  D  E  E  R  T  I  C  K  R  O  K
S  E  G  A  E  H  T  K  S  A  C  M  S  Y  N
```

AQUALUNG
ASKTHEAGES
BLONDIE
CIBOMATTO
DEERTICK
GRYPHON

JULIANCOPE
MRJONES
PARAMORE
PITCHSHIFTER
ROGERWATERS
SISTERSLEDGE

TELEVISION
THEBLACKOUT
THEWARONDRUGS
TONIC

Puzzle #139

ROCK MUSIC

```
V  S  R  E  K  A  H  S  T  E  N  A  L  P  P
C  Z  N  I  E  B  N  A  M  U  H  E  H  T  I
R  E  Z  A  H  G  F  A  B  U  K  Y  N  U  G
U  R  W  C  M  K  Y  N  U  Y  A  E  R  Z  T
T  A  V  U  X  K  D  R  O  S  E  W  O  O  D
C  E  S  A  P  E  E  C  N  E  R  A  L  C  M
A  S  D  H  X  S  S  L  I  A  T  K  C  U  D
M  Q  V  N  R  F  J  S  S  P  X  X  S  J  V
P  D  G  R  U  A  P  K  E  N  O  E  P  K  D
B  C  T  L  W  G  T  O  L  D  E  I  V  Z  E
E  Z  B  Z  Y  D  E  E  N  N  I  J  Z  V  Z
L  P  R  O  N  S  O  N  M  R  C  V  T  W  D
L  B  T  K  T  K  B  F  T  P  A  C  A  M  P
D  R  A  G  O  N  F  O  R  C  E  X  A  D  J
A  G  I  T  N  E  L  P  N  A  I  L  U  J  Y
```

ACAMP   DRAGONFORCE   RONSON
ARNO   DUCKTAILS   ROSEWOOD
ASHRATEMPEL   JENSLEKMAN   TEDNUGENT
CAMPBELL   JULIANPLENTI   THEHUMANBEINZ
CLARENCE   MXPX
DAVIDESSEX   PLANETSHAKERS

Puzzle #140

ROCK MUSIC

```
J  J  N  I  A  R  D  N  A  E  R  I  F  Z  F
B  R  N  J  E  F  F  T  W  E  E  D  Y  I  R
D  S  K  A  F  S  U  O  I  C  I  V  D  I  S
W  P  B  D  R  A  H  C  I  R  F  F  I  L  C
O  O  R  U  O  F  N  A  T  S  J  M  X  I  U
D  N  U  B  U  E  R  E  P  X  M  O  J  U  P
F  S  R  Z  S  N  U  M  B  E  R  O  N  E  A
W  I  E  F  S  M  E  W  P  C  B  N  K  X  N
E  Y  E  U  X  E  N  S  G  R  M  D  H  I  T
E  W  S  W  F  O  V  B  P  I  K  U  B  A  E
I  O  P  W  N  I  B  O  R  K  C  O  C  E  R
N  W  H  C  C  Q  L  W  D  S  F  A  O  M  A
Q  K  I  R  S  T  Y  M  A  C  C  O  L  L  T
S  K  H  Z  Y  E  X  D  U  J  B  G  Y  Z  U
C  I  L  H  O  J  A  M  Y  R  E  M  L  A  P
```

CLIFFRICHARD	KIRSTYMACCOLL	SIDVICIOUS
COCKROBIN	MOONDUO	SMOKIE
DOVES	NUMBERONE	STANFOUR
FIREANDRAIN	PALMER	WIZO
JAWBOX	PANTERA	
JEFFTWEEDY	PEREUBU	

Puzzle #141

ROCK MUSIC

```
P  R  K  A  E  R  F  E  L  A  L  Y  E  W  F
E  D  N  A  L  H  S  A  G  N  I  K  A  W  R
K  E  L  K  D  P  L  V  N  X  M  B  W  O  E
X  S  R  E  N  N  A  C  S  Q  A  Y  D  L  D
V  E  N  H  L  A  D  V  S  L  G  W  O  N  D
S  C  M  A  T  Y  E  Q  V  C  A  B  N  W  Y
M  E  P  I  M  Y  F  P  G  R  Z  D  J  X  K
H  P  E  R  L  R  T  L  A  O  I  X  O  N  I
N  Q  E  L  L  Y  O  R  M  C  N  S  H  E  N
R  J  T  G  Y  M  W  N  I  O  E  A  N  F  G
X  E  W  Y  I  M  H  E  S  D  Z  Y  S  Q  Y
D  R  I  B  Y  B  A  B  L  I  S  I  O  H  K
E  A  A  Z  L  P  R  C  J  L  R  U  N  N  J
T  H  G  U  O  L  I  M  S  E  S  H  T  Q  B
D  O  T  O  I  H  D  M  A  S  Q  N  C  J  C
```

AMYLEE	EMILYWELLS	OUGHT
BABYBIRD	FREDDYKING	SCANNERS
CHRISNORMAN	HOZIER	SLADE
CROCODILES	LEFREAK	WAKINGASHLAND
DIRTYTHREE	MAGAZINE	
DONJOHNSON	MRBIG	

Puzzle #142

ROCK MUSIC

```
L A T E M K C A L B N U W L L
L H T T A F E G B L L I D M L
E N O S N E H N O T A E K K W
T H R G Q V S B T W X R J S T
H G V G Z D O G I V Z M G A Q
E J U D A S P R I E S T P R W
C L U V W R R B M B O I M A G
A O N M A A E A C U T O S H X
S S W C B L A F V N U A R H X
T B V I R O E M I J W C E A S
A R B I D O H N M C L R A R G
W A J E V L W J C E E R K M G
A V N B A L E B Y I R U W E A
Y O I I M E L D A M A Y L R I
S S Q A Y N N E L R A L G G R
```

BELAB

BLACKMETAL

CROWBAR

GLUECIFER

GREATBIGSEA

IMELDAMAY

JUDASPRIEST

JUMBO

KEATONHENSON

KENT

LENNY

LOSBRAVOS

SARAHHARMER

SKIN

THECASTAWAYS

VALENCIA

Puzzle #143

ROCK MUSIC

```
U  X  M  D  H  H  T  I  M  S  I  T  T  A  P
M  O  D  E  L  U  L  C  D  H  T  N  Q  H  L
T  H  H  M  R  W  X  X  R  M  W  A  C  K  O
H  H  H  Q  G  C  I  A  D  P  K  R  Y  R  T
E  B  E  W  F  N  E  T  O  O  L  K  M  A  I
C  Z  H  V  X  S  I  D  G  E  C  E  V  F  O
O  Z  R  V  O  C  G  L  E  I  Y  W  V  T  A
N  X  K  E  F  G  Q  B  L  S  P  O  G  K  J
N  A  U  K  Y  L  U  Z  C  A  S  A  L  L  N
E  T  M  G  J  A  Y  E  S  Y  C  O  A  U  Q
L  Q  N  H  Q  E  M  P  S  J  N  E  S  B  J
L  N  O  S  R  E  D  N  A  N  A  I  H  A  V
S  H  O  H  C  K  J  R  H  N  M  L  Z  T  V
H  K  G  W  S  K  R  L  D  O  A  A  K  E  G
A  J  X  L  N  G  U  L  Y  A  J  M  W  V  D
```

DRDOG	LUZCASAL	THECONNELLS
FLYPANAM	MERCEDESSOSA	THEVOGUES
IAMKLOOT	MODEL	
IANANDERSON	PATTISMITH	
JOHNMAYER	PIG	
KRAFTKLUB	THECALLING	

Puzzle #144

ROCK MUSIC

```
M  A  C  A  R  A  K  M  E  C  Z  G  G  J  T
T  D  L  O  L  Y  A  W  H  G  I  H  O  V  W
E  R  A  A  N  L  A  F  N  L  I  Y  L  E  P
L  H  A  O  K  A  E  W  L  G  Z  L  K  A  M
V  I  T  W  K  A  L  C  R  O  Z  V  Y  E  E
S  E  A  I  E  W  A  I  T  I  V  F  E  E  N
T  T  N  M  M  T  O  D  M  F  A  E  O  S  S
E  M  H  A  L  S  S  L  C  E  O  T  R  I  N
V  U  Y  E  J  I  T  I  F  I  L  S  S  B  E
E  T  Y  I  C  G  A  T  I  E  C  L  I  Y  E
J  F  C  H  W  R  N  N  O  M  M  H  E  H  D
O  B  W  C  I  A  A  I  S  I  A  Q  T  D  S
N  Q  C  T  I  U  I  M  V  J  L  F  Y  L  Q
E  W  J  N  U  N  M  R  P  A  P  L  N  O  U
S  O  U  N  D  H  O  L  E  S  S  B  E  M  Q
```

AKALA	HIGHWAY	SOUNDHOLE
AMIISTEWART	LOVER	STAIRWAY
CEMKARACA	MENSNEEDS	STEVEJONES
ELLEMILANO	SAVINGJANE	THECRAMPS
ELLIOTTSMITH	SNAILMAIL	
FLOW	SOFTCELL	

Puzzle #145

ROCK MUSIC

```
R  N  T  G  T  A  D  N  A  G  A  P  O  R  P
D  D  O  S  D  Z  O  K  P  B  L  Y  W  C  O
V  E  L  D  E  V  F  T  O  M  P  E  T  T  Y
A  F  A  Q  R  H  L  C  C  Z  A  G  J  T  R
N  L  Z  C  O  O  I  Y  E  O  D  P  O  A  U
P  E  I  D  O  S  G  R  L  F  E  F  S  L  M
J  P  A  A  A  N  J  Y  A  G  P  V  E  B  O
S  P  U  L  T  T  B  M  A  O  E  X  P  A  U
I  A  V  G  E  Y  E  L  H  J  C  C  H  C  R
R  R  L  Q  G  X  N  T  U  J  H  B  A  H  S
Z  D  C  D  J  Y  C  O  O  E  E  S  R  M  N
K  N  D  R  Y  Y  E  L  P  Y  M  P  T  A  T
Z  S  Y  B  B  U  H  C  A  P  O  P  H  N  M
H  U  A  X  I  R  N  T  J  R  D  C  U  B  U
R  E  I  N  C  I  D  E  N  T  E  S  R  U  N
```

ALEXCLARE	JAYGORDON	REINCIDENTES
ARIHEST	JOSEPHARTHUR	RUMOURS
COYOTE	PONYTAIL	TALBACHMAN
DEACONBLUE	POPACHUBBY	TOMPETTY
DEFLEPPARD	PROPAGANDA	
DEPECHEMODE	PUGGY	

Puzzle #146

ROCK MUSIC

```
R  S  I  M  P  L  E  M  A  N  J  T  Z  Z  G
V  M  D  Y  L  C  H  I  M  S  F  H  W  L  Z
B  D  D  A  V  E  M  A  T  T  H  E  W  S  U
Q  I  L  O  E  G  N  L  M  Y  I  V  Y  O  H
E  N  L  R  N  H  Z  F  Y  I  U  A  W  N  C
G  T  E  L  O  N  O  A  U  X  L  C  S  I  E
W  H  I  E  Y  W  Y  I  P  T  P  C  B  C  X
U  E  I  T  R  J  T  O  D  P  Z  I  J  Y  N
D  P  R  X  H  G  O  A  S  A  A  N  W  O  K
Q  O  A  Y  S  Q  M  E  E  M  R  E  Y  U  Z
L  L  T  E  P  Y  T  A  L  Y  O  S  J  T  V
N  I  A  G  C  Y  G  N  D  A  M  N  Y  H  X
H  C  T  I  W  L  E  G  N  A  T  M  D  J  K
V  S  A  H  K  O  X  I  E  J  U  J  I  E  H
R  E  T  F  A  S  R  A  E  Y  N  E  T  J  A
```

ADAMGREEN	LIMAHL	THEPOLICS
ANGELWITCH	RADIOHEAD	THEVACCINES
BILLYJOEL	RATATAT	TUFNEL
DAVEMATTHEWS	SIMPLEMAN	ZAPPA
DONNYOSMOND	SONICYOUTH	
JIMMYEATWORLD	TENYEARSAFTER	

Puzzle #147

ROCK MUSIC

```
B  B  Z  S  U  W  K  D  H  V  R  M  C  R  T
A  R  R  A  A  T  H  O  R  N  L  E  Y  O  B
Y  N  A  O  B  G  R  A  L  S  D  D  Z  B  S
O  L  O  C  K  I  U  Z  M  H  V  I  Z  E  S
Z  G  X  T  I  E  A  F  E  P  X  A  E  R  N
Z  Z  Z  P  R  N  N  M  A  J  U  R  U  T  L
Y  L  B  Q  O  U  G  R  N  L  E  Y  F  P  E
O  U  P  R  M  R  B  V  E  R  R  O  R  A  Y
S  V  V  J  C  L  I  N  I  C  O  F  Z  L  G
B  B  Z  L  N  I  N  N  Z  C  O  D  M  M  F
O  N  I  L  B  O  G  E  G  N  A  R  O  E  N
U  E  M  U  R  T  C  E  L  P  O  E  D  R  Q
R  I  V  E  R  S  C  U  O  M  O  A  Y  S  N
N  Z  G  S  E  B  U  T  E  H  T  M  L  K  A
E  W  L  M  I  S  S  O  R  O  C  S  A  V  Q
```

BRACING
BROKENRECORDS
BURTON
CLINIC
DIARYOFDREAMS
KHRUANGBIN

LAFUGA
OMC
ORANGEGOBLIN
OZZYOSBOURNE
PLECTRUM
RIVERSCUOMO

ROBERTPALMER
THETUBES
THORNLEY
VASCOROSSI

Puzzle #148

ROCK MUSIC

```
D B S S E L T T I L O O D V D
R F A T N E K Z T D E T A T F
X E R R E A L N J L A H C N Z
J D L A R P V A P X Q E J P X
N A L F N Y P A D V Z M L D V
J I M E P K W U R K Q U Y Z I
K O B I I O T H P A C S Y O N
P C H A E F N U I T C I N Y C
R N O N R T K K R T A C D D E
K F Q R N R A C K N E E E J N
R W Z D F Y O U A R E A M S E
J K E U M R N V X L A R M F I
T Y F G O R O A E Q B M S Z L
P E V G I F Y T S R W L U W R
F R U F W T V G G H T O L F P
```

BARRYWHITE
BLACKFIELD
CARAVAN
CYNIC
DICKDALE
DOOLITTLE

FRANKTURNER
JAMIET
JOHNNYNASH
LEAD
MARKKNOPFLER
MEATPUPPETS

THEMUSIC
TORFROCK
TREVORRABIN
VINCENEIL

Puzzle #149

ROCK MUSIC

```
I  R  E  C  K  L  E  S  S  K  E  L  L  Y  V
J  A  W  B  R  E  A  K  E  R  L  T  T  O  K
R  D  N  L  Y  B  S  J  C  Y  B  O  H  P  H
J  E  H  B  X  A  P  O  O  C  I  D  E  E  O
Y  O  T  N  H  M  B  F  M  D  F  V  B  N  M
G  J  V  A  U  C  H  G  M  O  F  J  L  T  E
R  N  O  Y  W  W  O  P  O  X  Y  T  A  U  W
H  C  I  E  Z  F  Q  R  D  D  C  E  C  N  O
B  F  Y  T  J  R  O  V  O  L  L  C  K  I  R
G  U  C  U  S  A  Q  S  R  E  Y  Y  K  N  K
L  I  E  A  R  C  C  M  E  G  R  O  E  G  X
O  I  Y  C  T  P  C  K  S  I  O  P  Y  A  V
Y  A  R  E  I  V  E  T  S  J  D  M  S  M  Q
K  S  R  E  K  N  U  B  S  O  L  O  S  N  B
B  L  A  C  K  S  T  R  A  T  N  M  B  H  G
```

BIFFYCLYRO   JAWBREAKER   STEVIERAY
BLACKSTRAT   JOEJACKSON   STING
BODIESOFWATER   LOSBUNKERS   THEBLACKKEYS
COMMODORES   OPENTUNING
GEORGEMCCRAE   OPM
HOMEWORK   RECKLESSKELLY

Puzzle #150

ROCK MUSIC

```
H Z Y E R G R A L Y K S P A O
R O Y A L H U N T H R I C E V
T J Q P D F X T I M J N Z N Y
T O G D G R L A Z R J I B Q W
Q E L L A G I V A R J K U Q B
Y W N N S N A A L A V N W N L
X A Y I A U H T N H G Y X H A
U L R W H L K A W B C C C I C
T S A O P C P R R Q E S W D K
J H W N K I A E A T N L Q L C
W K D I L N C M L T M R E E R
H S E K T G I K T P Y A K W O
B X F Z U C O K U F M W N I W
Q V H M A P H L R P O I L L E
V R T H E M O N K E E S S D S
```

ADRIANBELEW   JOEWALSH   SWITCH
AVATAR   PICKUP   TARKUS
BLACKCROWES   ROYALHUNT   THEMONKEES
DANHARTMAN   SIMPLEPLAN   THRICE
ERKINKORAY   SKYLARGREY
IDLEWILD   SOFTMACHINE

Puzzle #151

ROCK MUSIC

```
E O J D I K Y L G U P E C B V
M R E G N A D Y E V R A H G Y
O H J S U R O H C L I B E P C
R W T S K N I K E H T U S B O
P J W T G K E Q M H G B N J L
H S H G N W E R D N I V E K D
I A I M I E G W N L D Z Y K W
N C R K L V M Z D O B W H X A
E B L U E O C T O B E R A F R
M N Z U T H U P R O Z X W I K
U J W S R A U R R A Q P K O I
R G O U P E D S A P P E E Y D
O E B X G Z I T H W D A S D S
H F B O J B S I R A L O P W I
H R S L I P K N O T M S X V O
```

APARTMENT

BLUEOCTOBER

CHESNEYHAWKES

CHORUS

COLDWARKIDS

DATURAH

HARVEYDANGER

KEVINDREW

LOBO

LOURAWLS

MORPHINE

POLARIS

SHAM

SLIPKNOT

THEKINKS

UGLYKIDJOE

Puzzle #152

ROCK MUSIC

```
D Y J G L A T E R A L U S I M
B T A N D W H J E E W N W A E
S R E T H G U A D Q L O F L G
A B I K S T T A M G M K W B A
T M O T O L A F F U B E J E D
L U J B I I A V E V E T S R E
E V A C A S S I D Y I A F T A
E A K Y T L H T I P F R E H T
E R A Y D A V I E S U Z D A H
G I A N N A N A N N I N I M O
Y E L L O W C A R D K V M M N
S I Q F Y A P P E T I T E O B
T H E E A G L E S E F A V N N
M J Z Q E F Y D B R Q J W D M
E K U D E G R O E G Y F E V Y
```

ALBERTHAMMOND
APPETITE
BRITISHINDIA
BUFFALOTOM
DAUGHTERS
EVACASSIDY

GEORGEDUKE
GIANNANANNINI
LATERALUS
MATTSKIBA
MEGADEATH
MEST

RAYDAVIES
STEVEVAI
THEEAGLES
YELLOWCARD

Puzzle #153

ROCK MUSIC

```
B  G  O  M  T  P  U  O  M  A  I  E  M  A  X
X  E  Y  M  R  A  L  E  D  O  M  W  E  N  T
C  A  T  S  O  K  M  S  Q  L  Y  O  T  K  A
S  C  T  T  C  M  Y  E  G  M  L  D  H  T  N
A  S  Y  T  Y  I  V  S  I  I  H  K  E  G  I
N  T  A  D  E  D  N  V  L  M  F  F  N  M  T
C  E  J  B  N  R  A  A  I  R  P  V  Y  A  A
T  V  K  H  A  D  R  V  P  X  E  A  I  Q  T
U  E  N  U  D  L  W  A  I  E  H  U  L  X  I
S  P  D  Z  A  W  L  S  J  S  H  V  X  A  K
R  E  K  I  R  T  S  E  J  G  G  T  E  J  A
E  R  T  S  S  O  K  O  T  O  F  O  S  D  R
A  R  W  E  B  Y  I  V  H  N  X  H  D  K  A
L  Y  G  S  C  S  A  X  X  G  O  N  P  G  M
X  H  D  W  E  B  H  B  T  U  W  F  A  F  G
```

BAYSIDE
BETTYDAVIS
DOGS
FONTELLABASS
GONG
JARRETT

METHENY
NEU
NEWMODELARMY
SANCTUSREAL
SOKO
STEVEPERRY

STRIKE
TAMEIMPALA
TANITATIKARAM
THEPANICS

Puzzle #154

ROCK MUSIC

```
P  E  T  E  R  M  A  F  F  A  Y  B  C  J  N
Y  L  I  E  P  P  R  P  Y  V  Q  I  S  R  G
M  T  S  L  Q  L  O  M  H  C  L  L  N  O  L
N  N  R  N  I  L  E  P  P  E  Z  L  G  G  E
S  O  O  E  O  S  T  H  V  O  K  C  E  E  R
T  C  S  T  G  M  S  E  M  U  L  A  X  R  O
E  P  W  M  N  O  M  O  M  G  W  L  I  D  Y
T  N  D  B  A  E  F  I  G  L  O  L  D  A  K
S  S  K  H  R  S  B  N  T  F  E  A  J  L  R
A  I  C  S  F  B  K  K  H  Y  T  H  T  T  P
S  O  D  V  Z  B  T  N  O  O  D  A  D  R  H
O  P  H  I  N  O  X  O  H  O  J  N  R  E  Z
N  R  B  F  K  S  Z  M  S  O  R  N  A  Y  C
I  N  Y  I  V  F  O  N  G  E  J  B  R  K  I
C  Q  H  J  H  D  A  R  W  I  N  D  E  E  Z
```

ANDYTIMMONS	JOHNFOGERTY	ZEPPELIN
BILLCALLAHAN	JOHNKSAMSON	
BROOKBENTON	LEROY	
DARWINDEEZ	PETERMAFFAY	
GOAT	ROGERDALTREY	
HELMET	STETSASONIC	

Puzzle #155

ROCK MUSIC

```
F  J  A  B  D  R  E  D  R  O  W  E  N  A  O
W  S  S  U  T  K  G  D  A  N  C  E  O  N  C
S  R  E  V  I  R  Y  N  N  H  O  J  M  I  S
U  O  S  E  I  L  L  O  H  E  H  T  H  K  S
G  J  T  B  T  K  Q  E  W  V  R  N  I  V  E
U  Y  O  B  N  W  A  R  D  Y  L  D  A  B  V
T  M  E  T  J  J  M  E  X  I  F  F  A  A  V
T  H  A  T  U  A  N  O  R  T  S  A  D  A  B
E  F  S  K  H  W  N  O  N  E  C  Q  R  X  F
R  C  U  U  E  G  E  I  O  E  S  Y  D  B  J
M  T  A  U  B  M  I  H  S  M  Y  O  P  N  R
O  X  J  R  B  E  O  R  P  I  D  M  L  L  W
U  A  V  U  B  H  T  D  U  E  A  A  A  C  C
T  I  V  B  P  M  F  A  E  D  N  N  E  R  X
H  Y  J  K  M  J  E  E  K  L  Z  L  N  D  K
```

BADASTRONAUT GUTTERMOUTH NEPHEW

BADLYDRAWNBOY JANISIAN NEWORDER

CLOSER JOHNNYRIVERS RIGHT

DANCEON KATEBUSH THEHOLLIES

DEADMOON MAKEMODEL

EMBRACE MONEYMARK

Puzzle #156

ROCK MUSIC

```
R  S  D  N  U  M  D  E  E  V  A  D  P  V  H
C  E  D  P  P  X  H  I  T  P  X  Y  V  Z  P
Q  V  D  H  W  R  U  S  C  P  Z  L  W  N  U
G  R  E  G  L  A  K  E  A  N  F  W  R  V  X
Y  O  B  R  O  O  P  F  T  N  A  P  U  L  H
A  M  P  L  I  F  I  E  R  K  H  R  W  L  R
X  R  E  G  N  C  O  L  L  R  G  G  J  U  L
F  M  I  U  B  C  J  D  A  E  I  W  I  D  P
G  O  X  H  I  R  A  O  N  N  P  Z  O  E  S
O  F  E  I  G  V  D  S  H  E  E  H  M  N  L
B  K  X  T  Z  L  Q  U  T  N  U  D  A  U  W
N  E  B  B  E  W  N  O  M  I  S  N  W  N  B
P  P  J  S  T  A  T  U  S  Q  U  O  N  F  T
O  D  T  N  E  M  O  M  S  I  H  T  N  I  S
W  B  J  O  T  A  L  L  A  D  O  I  C  U  L
```

AMPLIFIER

CAST

DAVEEDMUNDS

DENALI

ELEPHANT

ERICJOHNSON

GREGLAKE

INNUENDO

INTHISMOMENT

LEIGHNASH

LUCIODALLA

POORBOY

RANCID

SIMONWEBBE

STATUSQUO

Puzzle #157

ROCK MUSIC

```
S  D  F  F  R  Y  N  H  A  I  R  U  J  O  X
U  S  C  S  K  U  E  O  G  V  Z  K  X  I  R
L  B  O  M  L  J  M  A  R  I  A  M  E  N  A
F  L  E  R  U  O  A  Z  Z  U  K  M  C  Q  L
J  T  E  J  C  N  W  M  U  I  H  T  I  L  I
X  W  D  C  B  D  I  H  G  D  I  D  R  O  L
S  L  D  N  Y  L  I  M  A  F  N  O  R  K  A
C  T  Y  U  W  R  U  V  U  N  G  L  E  O  Z
L  T  G  G  T  R  D  E  A  L  D  M  C  T  L
L  R  R  V  F  E  E  N  S  D  A  Y  R  U  O
G  T  A  M  E  T  R  O  S  T  A  T  I  O  N
J  O  N  W  A  F  L  Y  L  E  A  F  S  E  U
K  G  T  L  O  F  U  X  V  R  A  H  O  R  M
K  E  N  N  Y  L  O  G  G  I  N  S  L  L  F
T  P  S  L  A  C  I  D  A  R  W  E  N  I  X
```

AKRONFAMILY   FLYLEAF   METROSTATION

ALUMINUM   KENNYLOGGINS   NEWRADICALS

BLUESTAHLI   LITHIUM   SLOWHAND

DAVIDCROSS   LORDHURON   URIAH

DRYCELL   LORDI

EDDYGRANT   MARIAMENA

Puzzle #158

ROCK MUSIC

```
M  D  T  R  A  N  S  A  T  L  A  N  T  I  C
U  M  D  E  A  D  B  Y  S  U  N  R  I  S  E
B  S  A  A  L  O  A  F  H  O  D  A  G  N  Y
A  K  R  S  V  A  T  O  B  Q  G  N  N  X  Q
B  M  T  E  I  I  S  X  R  O  D  W  F  I  M
Y  V  O  R  T  O  D  T  K  Y  Y  I  S  Q  C
S  T  M  O  I  A  N  G  I  O  E  Y  I  T  N
N  W  G  G  D  D  W  A  I  C  S  B  U  Y  K
A  O  P  N  S  L  A  Y  L  L  A  H  B  Y  D
K  N  R  N  I  S  E  R  D  L  M  J  E  A  Z
E  E  M  B  D  N  J  I  M  D  E  O  T  E  J
S  C  E  Z  H  C  U  G  F  Q  U  I  U  C  N
T  K  E  D  S  T  R  T  E  T  R  M  N  R  D
J  S  T  V  H  V  W  L  O  N  E  S  T  A  R
Y  L  R  A  R  A  R  I  O  T  W  H  C  B  D
```

ABBEYROAD	ELASTICA	RESIN
BABYSNAKES	HETFIELD	TRANSATLANTIC
DANIELLANOIS	KOSHEEN	TUNING
DAVIDGILMOUR	LONESTAR	TWONECK
DEADBYSUNRISE	MUDDYWATERS	
DIRT	RARARIOT	

Puzzle #159

ROCK MUSIC

```
A M P D N U O R G R E D N U Y
B M H S G D I U E N G C A K E
B I D C S K U R T N I L S E N
V D R R I E U I E R F R N N X
L I E E O R N C L N S O R H O
Q J N M H F E K F C I E H E B
F Q G O A S N I R H K G C E H
T S E U Y S U E L A O M A A T
L T I N X T E D B R D H S M T
Y C N T R I Y R I B A E W Q I
B J I A U S O E A V O H H A C
L Q W I C Q P E U T A R C T G
M O R N C H C U N S I D S K P
Z E E R T E N I P U C R O P Z
A O W O L F A L I C E F U H P
```

CHARLIERICH

DAVIDUSHER

DRENGE

HERRING

HOFNER

IMAGINE

KODA

KURTNILSEN

MASERATI

MOUNTAIN

PORCUPINETREE

PUPS

ROBBENFORD

THEDARKNESS

UNDERGROUND

WOLFALICE

Puzzle #160

ROCK MUSIC

```
C L N H I Q T A L D I S S Q U
Y L Q E B U L C N U G E H T D
L L L E D N U L F L U N J J T
A V O L G N I H T Y N A Y A S
S R Z O E D A U R A R E T H A
L K K U P O Y N W P A G H C T
A D C E L Y Y O T M I D E E H
U T C I L A A M R O N U P P E
G D W Z K L L L L L Y J E Y V
H H U I L H S T C P E I P X E
T Y U K L G C M E S V A Z T R
E G N U H C G N A W E R N O V
R K L P P I X I E S P L Z S E
J B H X Z W A N M R I J B A G
K E L T S I W T N E F D M G A
```

ARKELLS
ENTWISTLE
EPPUNORMAALI
FRENCHKICKS
HEEL
LALUZ

LESCLAYPOOL
ORLEANS
PIXIES
RAIN
SAYANYTHING
SLAUGHTER

THEGUNCLUB
THEVERVE
ULFLUNDELL
WANGCHUNG

Puzzle #161

ROCK MUSIC

```
S  D  N  A  B  O  T  N  I  P  S  E  H  T  T
M  N  R  O  L  I  A  S  T  I  L  N  O  O  M
T  F  A  O  X  R  C  S  S  E  L  E  V  O  L
D  H  C  I  H  U  A  A  K  G  A  B  T  B  K
E  C  G  P  F  C  C  M  I  A  N  F  H  J  F
A  U  B  I  D  F  T  K  A  S  W  R  J  P  H
D  T  E  S  L  D  U  S  Y  L  O  C  Q  L  F
F  T  V  Z  E  I  S  R  U  R  A  R  K  Y  M
I  I  F  A  Q  M  W  R  N  V  U  H  B  S  C
S  N  N  T  O  O  A  T  E  R  N  C  S  M  P
H  G  C  S  N  Z  X  J  L  G  O  Z  R  P  A
O  C  C  H  J  N  C  N  K  I  E  B  R  E  T
Q  R  A  G  T  I  B  U  Y  C  V  I  W  M  M
Q  E  I  N  R  P  C  F  D  F  I  I  R  W  M
O  W  L  O  N  E  L  Y  B  O  Y  R  C  K  I
```

AMBROSIA	CUTTINGCREW	MOONLITSAILOR
BORNRUFFIANS	DEADFISH	RICKJAMES
BROS	KRIEGER	SHALAMAR
CACTUS	LONELYBOY	THESPINTOBAND
CHORD	LOVELESS	
CIVILTWILIGHT	MERCURY	

Puzzle #162

ROCK MUSIC

```
V  L  C  E  E  I  G  R  A  P  H  I  T  E  D
W  R  R  I  C  H  A  R  D  H  A  W  L  E  Y
C  E  A  H  B  B  S  L  U  T  V  D  E  S  E
C  A  N  H  G  T  I  D  R  X  E  R  T  M  N
T  U  F  I  T  H  B  W  A  H  T  E  Z  P  V
S  L  F  W  V  J  O  H  N  D  E  N  V  E  R
E  R  P  S  T  E  K  Z  D  W  R  A  W  E  A
S  K  E  Q  S  L  L  X  U  J  F  I  Y  P  F
I  O  W  A  S  T  R  M  R  V  C  S  J  I  J
A  X  D  A  D  R  S  B  A  X  C  S  J  N  A
A  F  X  X  H  I  G  U  N  D  V  A  S  G  B
W  Q  F  P  T  Y  N  V  A  N  A  N  W  T  G
K  X  T  A  U  B  D  G  Y  F  Y  C  E  O  Z
P  U  R  P  L  E  R  A  I  N  A  E  I  M  H
O  D  A  T  R  U  F  Y  L  L  E  N  W  M  C
```

ADAMLEVINE	JOHNDENVER	RENAISSANCE
CAN	LADYHAWKE	RICHARDHAWLEY
DURANDURAN	NELLYFURTADO	TREX
ELTRI	PEEPINGTOM	
FAUST	PURPLERAIN	
GRAPHITE	READING	

Puzzle #163

ROCK MUSIC

```
M E R A S E E R R A T A A K T
K O L Y B W I L L D A I L E Y
G W M E R I C C A R M E N H I
Z I N E M K L A W E H T S G H
S T S A E B D L I W Z X B J E
O C V F P L K E Y F F U D Q F
W H M V I G P W M C Q Q B R Z
C C V R P A A U I M O X H C N
K R Y W H U U L U E O B K N R
R A T Y O T L A F P S H H K A
N F T T N V B W G K L U R A Y
K T K S E N A O P K C K M S M
F S E F U G N D J S H A D O W
R J B L A C K O U T X Z L C W
M I S X X T S J R Y Y U Y B H
```

BILLYCOBHAM	ERASEERRATA	WILDBEASTS
BLACKFLAG	ERICCARMEN	WILLDAILEY
BLACKOUT	HOMME	WITCHCRAFT
DJSHADOW	PAULBANKS	
DUFFY	SUMO	
EPIPHONE	THEWALKMEN	

Puzzle #164

ROCK MUSIC

```
R  E  P  P  O  B  G  I  B  E  H  T  C  S  J
D  E  N  N  I  S  W  I  L  S  O  N  W  Q  I
E  H  T  A  E  R  B  O  T  D  E  E  N  X  O
J  A  P  A  N  C  A  R  P  E  N  T  E  R  S
D  E  L  I  W  T  X  Y  I  H  M  C  H  H  G
V  E  S  T  H  E  A  L  B  U  M  L  E  A  F
S  B  U  S  K  U  G  D  Y  T  R  E  G  O  F
N  C  D  O  E  J  F  D  R  U  T  I  A  C  M
W  F  I  L  Y  M  C  A  E  I  W  S  S  O  V
U  N  H  O  S  Y  A  T  N  A  H  C  E  H  T
H  L  K  C  A  L  B  L  H  F  P  N  U  I  N
J  L  A  A  W  D  V  F  I  N  Y  P  P  Y  T
I  G  B  L  Q  Y  S  R  E  N  E  F  J  U  V
I  T  A  H  K  S  I  N  U  G  E  N  T  W  M
X  T  M  Y  D  A  R  K  E  S  T  D  A  Y  S
```

BLACK	JESSEMALIN	THEALBUMLEAF
CARPENTERS	LOCALH	THEBIGBOPPER
DENNISWILSON	MYDARKESTDAYS	THECHANTAYS
EDGEWATER	NEEDTOBREATHE	UKSUBS
FOGERTY	NENA	
JAPAN	NUGENT	

Puzzle #165

ROCK MUSIC

```
F  A  T  S  D  O  M  I  N  O  C  W  J  M  V
R  R  I  N  E  U  C  I  R  N  R  K  I  Y  E
A  Q  O  A  Y  T  O  D  M  E  T  Z  F  W  K
N  K  E  G  U  T  A  L  D  J  H  Y  R  E  G
K  Z  A  Y  E  Q  B  O  C  H  Y  C  A  I  R
B  R  N  T  Y  R  O  X  D  V  O  N  N  G  K
L  D  R  I  E  R  M  R  P  N  B  V  K  P  N
A  C  V  E  R  H  T  C  I  K  A  P  W  X  L
C  V  P  Q  E  A  A  N  G  M  O  L  I  V  S
K  Y  M  E  A  H  D  V  U  U  A  M  L  H  V
T  Y  Q  Z  J  Y  C  Y  N  O  I  J  S  A  Y
A  G  Q  O  X  B  U  E  B  E  C  N  O  W  H
N  G  V  X  Y  Q  H  Z  U  B  V  G  N  N  P
Y  N  E  Q  Z  W  V  K  P  L  O  I  I  O  O
Y  N  V  H  G  D  R  N  M  R  B  B  K  B  D
```

BIGCOUNTRY   FRANKBLACK   ROGERMCGUINN

BLUECHEER   FRANKWILSON

BOBBYDARIN   HALLANDOATES

CHER   JAMIROQUAI

CLOUD   KATEHAVNEVIK

FATSDOMINO   METZ

Puzzle #166

ROCK MUSIC

```
H Y X A N W O R B S I N N E D
A V S J L M A W Z H W V B U P
C I M V C I Q L S O X J V S E
S O W G U G E P F R J H A A G
R L M S V U C N N A T A G X Z
L E I K L E N N A X O R O O C
P N P A U L Y O U N G B D N D
C T W T C M I F A F T P S S E
K F X M W A A P N I W F M H N
N E E D S T G F S Y S X A O X
Y M T E Z E R I F E D A C R A
M M C U T O L X R C U P K E M
Q E F C T S U E C M U L C M T
P S R E Z T E S N A I R B Z F
T M M A L L O R Y K N O X T P
```

ALIENANTFARM

ARCADEFIRE

ASIA

BLUESPILLS

BRIANSETZER

DENNISBROWN

DEUCE

FLAW

GODSMACK

MALLORYKNOX

MIGUELMATEOS

PAULYOUNG

RIG

ROXANNE

SAXONSHORE

VIOLENTFEMMES

Puzzle #167

ROCK MUSIC

```
E  J  O  D  X  L  F  H  D  J  G  K  L  J  H
F  N  S  O  C  O  R  B  N  O  D  G  F  L  S
R  A  A  I  B  Y  M  F  R  A  G  I  L  E  K
A  N  D  S  E  Y  E  Y  M  N  R  U  B  E  E
N  C  E  W  B  U  L  A  X  T  Y  F  Z  T  E
K  Y  L  D  G  O  M  A  B  F  W  Y  E  I  G
E  W  I  N  Z  F  K  F  E  W  O  B  R  P  W
N  I  T  U  F  V  S  V  E  T  L  N  S  A  U
S  L  A  D  X  A  A  E  G  B  S  W  A  N  S
T  S  S  A  U  A  C  P  E  P  P  E  R  L  P
R  O  W  U  R  M  A  E  E  U  Z  K  Z  B  C
A  N  A  J  O  H  N  S  S  O  N  T  O  B  K
T  J  Y  C  E  D  H  A  R  C  O  U  R  T  B
O  H  C  N  I  U  G  L  E  N  C  Y  J  U  K
C  B  P  U  E  L  O  C  A  L  U  A  P  H  P
```

ADELITASWAY

ANAJOHNSSON

BEEGEES

BURNMYEYES

CLANOFXYMOX

DONBROCO

EDHARCOURT

ELGUINCHO

FACES

FRAGILE

FRANKENSTRAT

NANCYWILSON

PAULACOLE

PEPPER

SWANS

Puzzle #168

ROCK MUSIC

```
C V V O E R U E G D I M G Y T
T F R E M M A J N E Z T A K H
H B L A C K L I P S L R J X E
E V I M G N I W Y T H G I M M
S E L G G U B G X R I C O C A
E B T F S N R T T O W G Q U R
A Q U Z E T O W S Y O M B G S
R T Q O I F A S E E B G H T V
C D V C P V K R E R F V A E O
H N F R T W E T R F E A D I L
E Y D R I B E L T T I L N U T
R F M U R E M U P V I L D A A
S A S L I T Z W F O U U T H M
E R U T P A R E H T P W X U B
T R B T R A D I O F U T U R A
```

BIGSTAR

BLACKLIPS

BUGGLES

DESTROYER

KATZENJAMMER

LIFESON

LITTLEBIRDY

MANAFEST

MIDGEURE

MIGHTYWING

POPLEVI

RADIOFUTURA

THEMARSVOLTA

THERAPTURE

THESEARCHERS

Puzzle #169

ROCK MUSIC

```
S  L  K  X  B  M  E  T  A  L  L  I  C  A  H
D  E  A  D  K  E  N  N  E  D  Y  S  Z  S  E
U  A  L  S  E  T  A  A  X  M  H  J  G  A  A
A  B  P  Y  R  L  D  C  M  X  S  L  T  X  T
B  L  D  P  M  A  S  R  H  L  N  D  N  M  H
Q  A  R  F  A  H  M  H  A  H  U  F  W  B  E
D  E  D  U  K  Z  A  O  A  H  O  O  F  G  R
C  N  C  S  Z  Q  K  N  N  N  N  U  S  N  N
P  A  D  W  U  F  B  N  N  U  N  I  S  S  O
H  V  E  N  H  N  F  Y  A  A  R  O  E  E  V
Z  O  E  R  Q  C  S  M  O  R  L  B  N  R  A
K  N  L  V  I  Q  S  H  C  U  F  A  N  A  D
Z  Y  A  W  A  H  T  A  H  Y  N  N  O  D  I
K  J  U  N  I  O  R  M  U  R  V  I  N  J  N
B  E  R  C  A  S  I  W  E  L  A  N  N  O  D
```

ALANNAHMYLES   DEADKENNEDYS   JUNIORMURVIN
BADSUNS   DELSHANNON   METALLICA
BEACHHOUSE   DONNALEWIS   REINHARDT
BLAENAVON   DONNYHATHAWAY   SOULMAN
BRUNOMARS   FRANKZAPPA
DANAFUCHS   HEATHERNOVA

Puzzle #170

ROCK MUSIC

```
D  D  L  E  I  F  M  O  O  L  B  A  U  N  V
S  D  N  L  E  T  H  E  B  Y  R  D  S  T  L
H  H  S  I  M  L  E  H  C  S  M  K  O  P  S
O  R  M  N  V  B  H  O  Q  J  N  O  Q  O  J
W  O  B  N  I  A  R  J  M  E  Y  C  T  T  I
L  X  G  Y  C  W  D  V  N  A  M  Y  A  L  C
I  E  W  N  M  V  T  N  M  L  N  U  G  N  M
N  T  G  P  Y  C  H  U  C  K  B  E  R  R  Y
G  T  D  E  I  N  E  L  A  K  A  I  E  N  I
B  E  J  O  S  H  P  Y  K  E  T  V  W  L  W
E  O  H  R  M  Z  T  R  E  W  T  T  A  M  R
L  O  G  N  E  T  A  L  O  Y  Z  C  D  N  U
L  R  V  Z  M  O  L  D  E  E  R  H  O  O  F
S  F  K  G  A  V  I  X  U  U  Y  D  U  C  K
L  W  E  O  J  S  R  K  B  O  I  I  Q  J  J
```

BLOOMFIELD	DUCK	SCHELMISH
CHUCKBERRY	HOWLINGBELLS	TEOMAN
CLAYMAN	JOSHPYKE	THEBYRDS
COCTEAUTWINS	MATTWERTZ	YOLATENGO
DEERHOOF	RAINBOW	
DEINELAKAIEN	ROXETTE	

Puzzle #171

ROCK MUSIC

```
C R E N U T R A W E T S L A D
T M S H A W N M U L L I N S G
N M E C A E P R O F S M O T A
C R A A C V E H W N B Y J R V
E J Q T T L V L G N B V M I I
T L A B I L L Y S Q U I E R N
I C O C V S O D P O W Z A T R
N B N C O S Y A F S M W G P O
M O D T I B J A F J W A U W S
A J W P W N M F H N A N L F S
C A U U D G I I D U W N L A D
H N O G V B J M L D M I S D A
I R U B I K O E E L I M J K L
N N K I R E M U N R E P U S E
E W L M T J S U M S A R E H T
```

ALSTEWART JACOBMILLER SUPERNUMERI

AMOSLEE MATISYAHU THERASMUS

ATOMSFORPEACE MEATLOAF TINMACHINE

BILLYSQUIER REMINICOLE ZWAN

EAGULLS RUBIK

GAVINROSSDALE SHAWNMULLINS

Puzzle #172

ROCK MUSIC

```
C A R O R Y G A L L A G H E R
O G N J K S E P Y R T S E H T
K S C I G A M K C A L B T X O
K D G K Y A P C P F J X F Q M
E T R P Z R L D O Q H C C A V
R L H I G H C C P T S U K T E
V V K A L D O N O V A T B I K
I Y T D M M S S L S B A X Y I
L J O T A Y N F V S T W A C O
R P L E E L S D U A Q A M O J
I P L E T J G T H G B Y R H Q
V D S C P U R V U H O R S E S
E U E P K C Q J E D A F A A H
R Z K D A S I L E N T F I L M
F R O S T Y E R F N N E L G C
```

ALDONOVA

AMYSTUDT

ASILENTFILM

BLACKMAGIC

CRYIN

CUTAWAY

EELS

FROSTY

GALCOSTA

GLENNFREY

HORSES

OKKERVILRIVER

POPOLVUH

RORYGALLAGHER

THESTRYPES

TOMVEK

Puzzle #173

ROCK MUSIC

```
I  T  H  E  D  I  R  T  B  O  M  B  S  T  U
L  V  T  S  B  A  Y  A  L  F  I  W  I  H  N
H  L  E  C  F  Q  G  E  S  G  B  C  Y  E  X
D  S  X  R  R  F  T  D  N  T  T  B  V  S  U
G  U  K  T  I  X  V  U  A  O  P  W  I  E  T
Q  T  M  R  V  C  Y  E  N  D  O  A  B  A  Y
E  S  O  M  A  O  B  B  D  O  Y  R  R  A  A
E  Q  G  O  L  P  R  I  F  N  Z  Z  A  N  I
S  D  W  Z  S  H  S  A  B  Y  E  P  T  D  K
R  K  A  L  O  Q  L  M  O  B  B  M  E  C  D
P  G  I  J  N  T  E  Z  E  E  U  Q  S  A  P
F  U  V  F  S  J  Y  Y  E  Y  R  A  N  K  D
L  M  L  M  R  I  F  F  T  J  N  A  S  E  J
O  O  Z  P  X  K  F  X  G  O  H  Y  W  M  O
H  Z  U  B  K  V  K  E  T  J  G  Y  I  C  S
```

BURN	MUD	THEDIRTBOMBS
DADGAD	PULP	THESEAANDCAKE
ERICBIBB	RIVALSONS	VIBRATE
GOTYE	ROONEY	WAR
JADE	SPARKS	
MOGWAI	SQUEEZE	

Puzzle #174

ROCK MUSIC

```
T C S E D A C S A C E H T J J
B D T T E L B I N T U O C S W
T S V U P B F O O H A U G W V
R M N P A P I B R P O M W A F
Y H L E O N A R D C O H E N L
G Y Y Y V R C T K Y D O T D I
E W M C W E T B S O S Z Q A A
L E E D S D L O X T S U D J M
I N L K O S S E B H T F H A L
K O U A I U U G R R U O Y C Y
Z A T V D U S L B E I J C K N
T U L S G N I I D S G E J S C
H L N L B S E M F F X N N O H
S O M Z A N Q R Z X C W I N D
W A M P O C O H B K J I G F P
```

ADEMA   LIAMLYNCH   SUSIEQ
BRENDALEE   POCO   SUUNS
CALLA   PORTOBRIEN   THECASCADES
FINGERELEVEN   RIB   WANDAJACKSON
LEEDS   SCOTTSTAPP
LEONARDCOHEN   SCOUTNIBLETT

Puzzle #175

ROCK MUSIC

```
M  O  T  M  N  A  L  Y  D  B  O  K  A  J  T
A  M  O  D  E  S  T  M  O  U  S  E  R  H  D
Q  L  S  C  A  G  S  A  Z  Z  S  J  N  W  I
V  O  M  R  H  D  A  X  A  Q  Y  Q  T  D  R
Y  N  A  F  O  U  Q  L  S  T  R  A  T  J  O
I  D  C  C  G  T  M  E  L  B  S  M  K  F  B
F  O  D  H  X  C  I  B  B  O  T  E  F  I  B
X  N  E  A  H  H  O  D  A  W  W  E  D  G  I
E  C  M  E  D  U  Q  R  E  W  S  S  V  H  E
N  A  A  V  X  N  M  C  X  O  A  A  A  T  N
X  L  R  O  S  C  A  I  M  W  K  M  M  S  E
J  L  C  D  W  L  S  R  P  W  C  U  B  T  V
A  I  O  G  P  E  A  O  G  O  Q  H  F  A  I
Q  N  Y  C  O  S  R  O  L  W  L  O  D  R  L
G  G  W  T  A  X  X  P  F  W  U  Y  M  W  U
```

BOWWOWWOW   FOALS   MODESTMOUSE
CHUMBAWAMBA   GALLOWS   ROBBIENEVIL
DESTAAT   GRANDADDY   STRAT
DUTCHUNCLES   JAKOBDYLAN
EDITORS   LONDONCALLING
FIGHTSTAR   MACDEMARCO

Puzzle #176

ROCK MUSIC

```
Q P M M T K H M T F Q H T I G
O X E C I M A A N A M G D D L
T N P C D L L S T R U M W I A
V T E F O N E J H G F U K D S
S T O N O D S Y B M Y H N G T
Z P S Q A O T G C O I O S R O
H U A D C I O P I Y V R F O N
T R S R V Z R V G P R T G Y B
D P E A O D M B L W G U V A U
D L U L B Z B S O N D N S L R
U E K Q E B X R V N E H O B Y
W H U J P E A Z E L V J O L L
W A C V P A T T L A D E P O I
J Z K L T C B S H U D F K O K
N E U H W A U H A G D S O D V
```

BREAD	LONGPIGS	ROYALBLOOD
BRIANENO	LOVE	SABBATH
DONOTS	MAANAM	STEELER
GLASTONBURY	MILEYCYRUS	STRUM
HALESTORM	PEDAL	
KASHMIR	PURPLEHAZE	

Puzzle #177

ROCK MUSIC

```
N  U  R  T  H  G  I  L  Y  A  R  T  S  B  S
D  I  O  N  A  R  A  P  C  Y  K  X  L  K  U
I  N  D  I  G  O  G  I  R  L  S  K  R  D  O
T  H  E  C  F  G  C  R  O  T  M  A  E  T  S
H  U  J  W  R  S  M  T  W  R  T  C  R  Z  Q
E  D  A  R  A  P  Y  A  D  Y  A  M  I  U  V
G  O  D  B  R  Q  C  W  E  K  C  J  C  X  G
O  M  I  E  K  N  B  Z  D  B  S  F  C  M  C
O  Z  I  A  R  X  O  O  H  S  G  Q  H  B  D
D  A  S  S  N  S  E  F  O  W  A  P  U  K  O
L  U  R  Q  I  B  I  A  U  P  A  I  R  S  Y
I  K  P  O  N  R  R  L  S  N  F  A  C  E  V
F  E  H  P  P  T  L  O  E  W  T  B  H  Z  K
E  D  T  O  L  F  K  O  W  K  K  I  A  W  U
O  T  I  S  R  U  S  H  U  N  Q  K  G  P  E
```

AUPAIRS	MAYDAYPARADE	STEAM
CROWDEDHOUSE	MISIRLOU	STRAYLIGHTRUN
ERICCHURCH	NOFUN	THEGOODLIFE
IANBROWN	OTISRUSH	TRY
INDIGOGIRLS	PARANOID	
KELIS	REDD	

Puzzle #178

ROCK MUSIC

```
D C H C R M A D R E T S M A Q
E K N S I A H Y L Q M F W S U
Y H C I O R G U W A O M V N I
M A E I S D C A M N A E Z Y E
T E D H W R A A H B V Y K Z T
O H M W C R A G S Y L C P Y D
M J Y A E R A T L U M E H Q R
M U L G X N E W S E R M P S I
Y T L S T P K L E E D V A I V
Y F R U X Y E R E N P E I S E
M S T U D F W Z A R N O H V H
Y U V W S N Z P Z D D O D T E
X B J F A T E S W A R N I N G
S E I A A R Q P F C L G O D M
R O G E R T A Y L O R I T S S
```

AMSTERDAM

CIRCASURVIVE

DARKNEWDAY

DIONNEWARWICK

DOPESTARSINC

FATESWARNING

HUMBLEPIE

MAXPEZZALI

PENDULUM

QUIETDRIVE

ROGERTAYLOR

SAMMYHAGAR

SONDRELERCHE

THEDELGADOS

TOMMY

TRUST

Puzzle #179

ROCK MUSIC

```
F  B  G  G  J  E  R  E  Z  I  L  A  U  Q  E
B  W  R  W  Y  D  Y  U  E  A  P  V  Z  M  A
A  E  O  L  R  E  M  D  A  G  O  B  L  I  N
N  S  C  A  S  Z  E  C  E  L  D  N  J  C  W
D  O  K  F  G  T  E  K  P  F  E  I  S  T  F
A  J  I  R  R  F  O  P  C  H  E  O  R  B  Z
D  Z  I  T  A  E  K  M  F  M  E  P  T  F  G
O  E  T  M  A  L  E  Z  E  A  A  R  D  T  S
M  R  H  E  M  N  C  E  Y  L  G  I  S  H  O
A  O  U  S  I  Y  L  E  N  W  L  Q  R  O  G
R  F  R  A  O  M  R  O  N  E  R  I  F  A  N
H  R  S  C  V  S  C  E  W  E  R  W  U  X  M
S  E  D  K  W  N  A  C  E  A  G  G  C  G  B
X  T  A  J  G  I  V  I  F  D  X  P  Y  T  I
C  E  Y  E  R  I  M  C  H  H  O  L  L  O  W
```

AWOLNATION   GENECLARK   MARIAMCKEE
BANDADOMAR   GOBLIN   ROCK
EQUALIZER   GUILLEMOTS   THURSDAY
FEIST   HOLLOW   ZEROFRET
FREEENERGY   JDMCPHERSON
FRIDGE   JIMMYREED

ROCK MUSIC

```
D  Z  U  F  B  X  D  G  R  L  J  Q  T  I  B
R  S  E  T  S  E  W  L  S  H  X  L  R  Z  H
E  O  N  N  E  P  C  T  G  Y  U  C  J  I  K
G  C  J  O  O  U  O  I  L  A  A  R  F  H  G
C  U  I  L  S  M  Q  T  L  I  V  V  C  P  L
W  J  Y  A  I  N  A  N  X  O  Y  Z  V  K  O
D  Z  P  K  P  V  H  R  A  O  P  U  E  L  K
G  P  E  I  V  N  A  O  Y  B  B  E  B  T  A
T  N  T  K  W  E  A  K  J  E  K  E  H  O  Z
Q  L  E  Z  A  H  L  I  S  Z  O  W  H  T  N
T  F  Y  S  P  A  C  E  S  I  X  J  K  T  J
I  F  O  H  S  O  J  O  R  D  R  E  D  G  O
T  D  R  U  H  A  C  K  E  T  T  F  L  C  L
V  Z  N  G  R  E  G  O  R  S  A  M  S  A  H
Y  Z  Y  Q  D  P  H  N  M  O  N  K  E  Y  S
```

ALEXZJOHNSON
ALVVAYS
BANQUET
DREDG
FRISKAVILJOR
GREGORSAMSA

HACKETT
HAZEL
IANPAICE
JOEYRAMONE
KVELERTAK
MONKEY

PETEYORN
SPACE
THEBOXTOPS
THEPOLICE

Puzzle #181

ROCK MUSIC

```
E  L  L  I  V  E  D  K  N  I  M  I  G  Z  F
R  K  J  I  M  M  O  R  R  I  S  O  N  T  T
L  E  V  E  L  L  E  R  S  Y  R  O  H  X  N
G  B  D  G  N  I  L  S  L  O  F  G  R  E  N
Z  L  I  L  W  D  O  L  E  E  K  S  R  S  G
W  K  E  V  E  K  F  N  I  N  J  L  R  V  B
S  K  I  N  D  R  E  D  D  Z  A  M  H  B  T
F  Z  I  Z  N  U  R  N  O  O  M  F  L  A  H
D  Q  E  I  X  B  X  O  F  Y  N  T  I  R  B
X  L  I  V  Z  K  R  Y  A  W  A  S  Y  A  D
C  T  Q  J  D  V  Q  A  T  Y  V  R  F  T  C
J  S  E  H  G  U  H  N  N  E  L  G  U  V  G
B  N  L  T  O  N  Q  Z  W  C  M  J  J  L  O
K  F  Y  S  E  N  O  J  D  R  A  W  O  H  S
F  R  A  N  K  I  E  R  O  S  E  P  I  Q  W
```

BRITNYFOX	GLENNHUGHES	NILSLOFGREN
CAIFANES	HALFMOONRUN	SKEELO
DAYSAWAY	HOWARDJONES	SKINDRED
ELDER	JIMMORRISON	SLUR
FRANKIEROSE	LEVELLERS	
GLENNBRANCA	MINKDEVILLE	

Puzzle #182

ROCK MUSIC

```
J  N  E  H  G  D  M  Z  F  P  P  H  X  V  Z
W  L  S  F  S  T  A  E  B  T  H  G  I  N  D
W  E  M  E  U  Q  T  E  P  I  N  B  A  C  K
T  J  H  H  S  J  T  Y  H  C  M  V  N  Z  H
S  V  L  Q  S  R  C  P  G  Y  J  Y  I  I  J
Z  N  N  O  T  L  O  B  L  E  A  H  C  I  M
E  C  I  L  O  P  R  H  L  F  Q  R  B  N  H
N  P  V  L  G  G  B  R  F  A  D  O  R  H  M
Y  K  N  I  L  S  Y  F  N  O  W  G  H  U  G
K  K  Z  K  K  O  Z  F  E  N  D  S  R  U  M
O  F  S  Y  T  I  C  D  E  K  A  N  E  D  J
F  E  G  U  S  K  E  S  I  B  O  S  A  W  J
Q  Q  S  W  A  L  T  U  O  E  H  T  R  B  P
S  H  I  R  L  E  Y  E  L  L  I  S  T  I  U
Q  V  C  S  R  E  I  S  O  O  H  E  H  T  D
```

ASOBISEKSU MICHAELBOLTON SHIRLEYELLIS

BANDOFHORSES MURRAYHEAD SLINKY

COLLINS NAKEDCITY THEHOOSIERS

EARTH NIGHTBEATS THEOUTLAWS

FADO PINBACK

MATTCORBY POLICE

Puzzle #183

ROCK MUSIC

```
S R E Y S K W A H Y A J E H T
J O C N O R B R B Y G L O T U
E O M Q I M A X I P R I E S T
T K H N F G D B Z K K T Q I K
A G F N J A M B R N Z A N Z M
N E C G P G K A F B A F S X W
G N I R R A E N E D L O G D Z
G H I D W E U R E D E R H S X
Q W G P Q W E L M L B D E V J
R H I A N N O N J S S E F O M
D R O W S E H T R O T O R J P
S P O O N F U L N I N M N O O
J Z A K Y C B G R P V E C I N
B E W C N Z L O T S N E S O R
E R O B E R T T E P P E R A W
```

BRONCO
ENIGMA
GERMS
GOLDENEARRING
GREENRIVER
JOHNPAULJONES

LITAFORD
MAXIPRIEST
NELSON
RHIANNON
ROBERTTEPPER
ROSENSTOLZ

SHRED
SPOONFUL
THEJAYHAWKS
THESWORD

Puzzle #184

ROCK MUSIC

```
F D L E I F Y A M E Q U X S V
Z L T T H E S H E E P D O G S
C F O Z E S W M R H E S U C Y
H I C W R R S A A A Z P D M X
Z N F S A E H Z U J G I V L O
Z D Z F E E D E R Z L U H R V
P L R R A T S O G N I R O B L
K A E P N R J F U U P A A C A
J Y B W E L T E N E L E V E N
W B E S K C O R I O N A H G P
S R L M Q U N O I T O M I N A
T O Y Z N K E S H A X Y D Z G
N W E K D G F I O O Q V K P P
T N L K U V N O E A X C P G Z
L C L T T A Y W T R E B O R G
```

AIRTRAFFIC	HANOIROCKS	RINGOSTARR
ANIMOTION	KESHA	ROBERTWYATT
COUGAR	MAYFIELD	SEAWOLF
ELTENELEVEN	PEARLJAM	THESHEEPDOGS
FEEDER	REBELYELL	
FINDLAYBROWN	RED	

Puzzle #185

ROCK MUSIC

```
C  W  A  H  S  E  I  D  N  A  S  M  Q  H  L
R  M  Y  L  S  E  M  O  H  K  C  A  B  O  G
O  L  C  R  T  R  P  K  C  A  N  K  E  H  T
M  C  M  M  U  O  E  R  E  D  I  T  P  I  R
P  E  A  S  A  D  N  E  A  H  H  H  H  A  P
W  T  T  Y  B  T  R  E  N  H  U  D  G  W  V
B  A  M  R  L  O  T  E  L  O  S  U  O  G  R
J  W  A  N  A  B  R  H  T  L  I  N  K  Z  Y
V  F  T  P  C  P  B  U  I  X  I  P  E  Q  H
F  E  A  X  K  H  A  U  Q  R  A  S  E  T  F
Q  P  H  E  T  T  I  N  B  I  E  B  T  H  D
G  A  C  T  I  V  E  C  O  A  P  S  U  U  T
D  Q  B  M  D  U  D  Q  A  B  R  W  H  H  S
H  G  H  D  E  C  I  Z  T  G  N  Q  A  L  M
L  O  L  I  O  C  E  L  B  U  O  D  U  S  M
```

ACTIVE	CHICAGO	SANDIESHAW
ALTONELLIS	DOUBLECOIL	TENSHARP
BAXTERDURY	GOBACKHOME	THEKNACK
BLACKTIDE	MATMATAH	THEPIONEERS
BONAPARTE	MATTHIRES	
BUBBLY	RIPTIDE	

Puzzle #186

ROCK MUSIC

```
X U G J M U G O I P W Y S U Y
R I J L O G H F B I C U B K D
T Y R N O I T C E R I D E N O
G T L D P R D T N J K F I O A
K K E E N V O A E A X B E V A
X C H M W E C Q Q T M Y L O N
M U I B M U H Y N V T U V S B
N O T L R A C Y R R A L F B R
Y J A U A Z H B C B F M R A W
H X X E Q N T O T G F L F I V
W A Z E T N A R G N H O J A K
O N I V L O C N W A H S P N T
I S K A O F O D N A R T S O P
S T A N L E Y C L A R K E S I
D K M E L L E N C A M P O V S
```

ANNANALICK   JOHNGRANT   ONEDIRECTION
ARM   LARRYCARLTON   SHAWNCOLVIN
BLUE   LOGH   STANLEYCLARKE
FUMANCHU   MELLENCAMP   STRANDOFOAKS
HAMMETT   MYLO
HENDRIX   NOVOSBAIANOS

Puzzle #187

ROCK MUSIC

```
J  T  E  H  C  T  A  H  Y  L  L  O  M  G  B
R  R  I  P  T  I  D  E  S  O  F  M  A  N  C
N  H  A  E  Q  J  A  I  L  B  I  R  D  B  C
S  A  E  C  N  E  C  S  E  N  A  V  E  L  T
N  N  G  C  H  U  U  Z  W  U  F  J  P  U  P
L  A  I  R  E  A  D  V  H  Q  G  Y  O  E  F
A  F  D  A  O  L  E  N  S  L  S  O  J  M  E
W  D  S  R  P  C  E  L  A  I  B  G  V  A  E
X  O  A  Z  O  F  Y  S  S  M  I  H  I  N  R
H  I  T  G  T  J  O  L  T  A  R  T  E  G  E
E  N  H  S  U  R  S  E  L  E  G  E  R  R  Z
Z  A  D  R  F  R  A  I  S  I  S  E  H  O  U
V  Q  I  A  B  P  D  P  U  U  B  Z  U  U  M
R  I  M  Y  L  E  F  A  T  O  O  F  G  P  H
J  X  V  L  S  F  B  C  M  Q  L  H  G  J  M
```

BILLYCORGAN

BLUEMANGROUP

CELESTE

ENVOGUE

EVANESCENCE

GIGS

HERMANDUNE

HOUSEOFPAIN

JAILBIRD

LOUISJORDAN

MADRUGADA

MOLLYHATCHET

MORTIIS

RACHAELSAGE

TIDESOFMAN

TRAPT

Puzzle #188

ROCK MUSIC

```
P  A  S  T  O  N  E  C  R  A  Z  Y  N  T  S
U  D  L  E  I  F  G  N  I  R  P  S  R  N  H
L  C  J  M  S  H  O  F  T  Y  G  T  R  R  Y
L  T  S  E  W  E  I  L  S  E  L  F  O  O  S
T  G  H  J  A  V  G  V  V  X  G  C  U  Z  I
I  R  T  R  O  C  K  W  E  L  L  T  A  E  J
G  E  Q  K  T  H  E  N  A  T  I  O  N  A  L
E  G  S  M  T  K  N  Z  G  O  F  S  T  G  Z
R  G  C  P  K  H  I  M  L  N  O  M  F  G  I
T  A  Y  P  K  A  N  S  A  S  G  F  R  K  D
A  L  B  N  O  L  D  M  S  Y  H  V  H  N  R
I  L  U  N  B  R  R  Q  C  R  A  C  K  E  R
L  M  V  K  O  K  S  T  V  J  T  L  L  N  G
M  A  R  C  A  L  M  O  N  D  B  R  L  U  H
Y  N  P  Y  R  O  M  A  N  I  A  J  H  T  Q
```

CRACKER	KULT	ROCKWELL
FOGHAT	LESLIEWEST	SPRINGFIELD
GREGGALLMAN	MARCALMOND	STONECRAZY
JOHNMAYALL	ORSON	THENATIONAL
KANSAS	PULLTIGERTAIL	
KISS	PYROMANIA	

Puzzle #189

ROCK MUSIC

```
S  G  M  E  S  T  I  A  R  T  S  E  R  I  D
I  E  I  S  L  U  O  P  E  E  V  D  M  R  Q
T  M  N  F  H  L  O  C  U  N  U  G  B  T  M
N  A  P  C  U  J  I  I  I  E  I  P  R  H  O
Y  U  D  E  S  C  A  V  R  X  F  M  Y  E  R
K  M  S  O  G  C  I  X  A  I  E  V  A  M  E
P  N  T  E  O  D  A  D  O  H  L  L  N  A  L
I  P  B  O  M  B  I  N  O  M  P  E  A  R  L
I  N  K  P  C  A  F  R  D  L  H  L  D  C  O
Q  V  F  B  W  K  L  Y  B  L  E  T  A  E  Q
F  F  T  R  L  A  T  F  O  R  E  M  M  L  S
I  P  H  G  I  B  B  O  N  S  E  B  S  S  F
J  E  R  R  Y  G  A  R  C  I  A  T  O  A  A
G  N  I  R  P  S  F  F  O  E  H  T  L  X  O
L  E  J  V  W  N  U  A  F  V  Q  V  S  A  H
```

AENIMA	CANDLEBOX	MELODIC
ALPHAVILLE	DELIRIOUS	MORELLO
ALTERBRIDGE	DIRESTRAITS	THEMARCELS
BOMBINO	GIBBONS	THEOFFSPRING
BRYANADAMS	INFLAMES	
CALEXICO	JERRYGARCIA	

Puzzle #190

ROCK MUSIC

```
I N O S S L I N Y R R A H N I
S Y H A N N A T E R N H E I M
T W E D N A M Y C B X O K L V
E A N L T M B A C J S D J B A
E L S J S U U W P L M N Z O L
L K A U D I L J W F D G R D A
H T H E T W A N G I O C P E I
E H I O M T N P D D E R C A N
A I R Q O T C I D L C M T N B
R S O S P S E Y D A E B L S A
T W B F H D L X E R R T O H S
E A I E K N T A A M T B O L H
X Y O D E Z D W I S T Y S M U
F L I N K I N P A R K V I U N
X O N N N O X O C M A H A R G
```

ALAINBASHUNG	CYMANDE	STEELHEART
AMBULANCELTD	FIDLAR	TEXAS
ANNATERNHEIM	GRAHAMCOXON	THETWANG
BAP	HARRYNILSSON	WALKTHISWAY
BODEANS	LINKINPARK	
BRADPAISLEY	MOTEL	

Puzzle #191

ROCK MUSIC

```
E  Z  K  N  P  T  L  N  S  C  J  E  P  F  M
S  J  U  S  B  V  Q  Y  N  V  E  T  H  T  O
E  T  A  Y  E  E  D  L  D  R  R  H  W  E  T
R  Z  I  G  G  Y  P  O  S  W  E  E  M  R  T
J  E  L  F  A  E  A  N  H  E  M  A  X  R  T
A  P  K  I  S  S  Q  H  Q  H  Y  R  V  O  H
Y  N  W  C  P  I  C  U  A  B  C  C  F  R  E
F  O  K  R  O  R  M  O  F  M  A  H  N  V  H
A  K  L  M  I  C  E  W  M  S  M  I  F  I  O
R  I  V  U  Q  S  S  L  L  M  P  E  C  S  O
R  O  O  F  X  B  D  I  L  F  F  S  G  I  P
A  T  J  E  R  T  D  O  V  I  U  S  A  O  L
R  Z  H  P  S  Z  Q  K  I  R  K  V  U  N  E
I  B  B  S  T  E  E  L  Y  D  A  N  W  Q  S
K  W  I  H  R  Z  P  A  C  Y  W  J  L  O  K
```

GEMMAHAYES	MISFITS	THEARCHIES
IGGYPOP	MOTTTHEHOOPLE	TVEYE
JARVISCOCKER	NYLON	
JAYFARRAR	SAGA	
JEREMYCAMP	STEELYDAN	
KILLERPILZE	TERRORVISION	

Puzzle #192

ROCK MUSIC

```
J  P  I  R  A  K  I  H  S  R  E  T  N  E  N
D  L  A  N  E  S  R  A  Y  W  Q  G  I  R  E
P  O  Z  H  O  N  G  T  A  P  R  O  O  T  W
U  Q  N  S  T  L  O  P  P  Q  Z  H  K  R  Y
D  X  C  C  R  R  E  K  R  E  O  V  D  F  E
D  J  K  E  A  O  O  M  M  R  T  V  Y  N  A
L  B  S  N  J  B  R  N  D  Q  T  A  W  K  R
E  U  W  S  C  O  A  R  K  N  T  H  U  D  S
O  I  I  S  U  Z  H  L  O  R  I  U  M  X  D
F  L  T  T  N  E  Y  N  L  H  A  L  O  R  A
M  A  C  O  Z  M  H  Z  C  E  E  P  B  K  Y
U  V  H  S  O  R  B  E  T  A  R  H  R  W  L
D  U  G  Z  S  W  N  J  J  J  L  O  T  A  Q
D  L  E  G  N  A  R  T  S  A  M  E  N  I  C
P  D  K  P  N  E  G  A  H  A  N  I  N  C  S
```

ARSENAL

BLINDMELON

CARPARKNORTH

CINEMASTRANGE

DONCABALLERO

ENTERSHIKARI

JOHNCALE

NEWYEARSDAY

NINAHAGEN

PUDDLEOFMUDD

SKY

TAPROOT

THEHORRORS

VHSORBETA

WITCH

Puzzle #193

ROCK MUSIC

```
W  E  D  A  J  Y  C  U  V  O  J  W  N  C  E
M  J  I  F  E  B  K  T  Y  B  N  R  T  X  T
L  Z  O  N  F  E  O  C  Z  A  G  O  M  C  B
I  Y  B  C  F  L  K  O  O  T  M  Y  N  M  O
P  B  W  G  E  F  O  B  C  R  E  M  I  S  B
P  W  Y  N  R  A  T  L  Y  D  B  N  H  A  B
K  H  U  O  S  L  A  R  I  A  N  D  U  R  Y
I  B  D  K  O  L  Y  A  D  O  T  B  L  G  V
M  A  R  T  N  U  L  B  S  E  M  A  J  C  E
C  O  C  P  Y  L  O  D  M  J  L  D  U  Y  E
A  M  I  I  N  A  R  P  Y  R  R  R  E  H  K
R  O  Y  K  W  H  O  R  A  C  E  A  N  D  Y
N  T  U  O  R  T  R  E  T  L  A  W  W  S  E
E  N  D  S  Y  B  A  B  E  H  T  I  I  U  R
S  B  A  T  E  N  R  O  B  S  O  N  A  O  J
```

AMIINA	JEFFERSON	THEBABYS
BOBBYVEE	JOANOSBORNE	TODAY
FALLULAH	KIMCARNES	WALTERTROUT
HORACEANDY	KOKOTAYLOR	
IANDURY	ROCKY	
JAMESBLUNT	TABS	

Puzzle #194

ROCK MUSIC

```
S  O  L  S  P  D  Z  U  C  X  B  D  B  B  H
V  I  I  Z  U  C  C  H  E  R  O  Y  L  R  A
Z  Y  S  V  S  U  Q  T  C  F  U  Y  N  Z  N
O  Z  A  J  O  E  P  E  R  R  Y  S  S  F  K
J  B  G  P  S  E  K  A  N  S  T  O  H  S  W
Y  X  E  O  U  F  N  O  N  X  W  O  Y  G  I
P  S  R  C  F  L  R  O  R  E  J  W  K  O  L
Y  P  M  E  A  M  A  E  I  T  A  P  H  Z  L
Z  N  A  W  D  L  S  N  E  L  S  S  U  V  I
M  I  N  B  M  N  P  S  T  F  L  E  L  X  A
A  R  O  L  U  V  E  C  Y  A  A  I  H  N  M
X  B  R  B  W  H  Q  F  C  U  X  L  R  T  S
S  P  E  E  D  K  I  N  G  R  A  I  L  A  J
F  M  E  P  Y  O  G  C  R  I  V  A  Y  I  M
S  N  E  V  E  T  S  N  A  J  F  U  S  T  N
```

APULANTA	HOTSNAKES	SPEEDKING
CRUSH	JOEPERRY	SUFJANSTEVENS
FENDER	LISAGERMANO	THESTROKES
FREEFALLIN	MARILLION	ZUCCHERO
GRAIL	MIYAVI	
HANKWILLIAMS	PLACEBO	

Puzzle #195

ROCK MUSIC

```
Q  P  N  H  E  H  H  P  R  O  F  I  L  E  P
W  M  Q  P  A  U  L  S  I  M  O  N  Q  Y  A
E  V  I  R  D  R  E  B  A  F  J  V  P  G  T
C  Y  H  A  Q  O  Y  E  V  R  A  G  A  E  R
S  O  F  D  A  N  N  Y  W  I  L  S  O  N  I
E  E  J  G  T  C  P  J  N  O  T  L  R  A  C
M  E  V  B  W  D  R  H  O  O  K  T  C  T  K
M  X  Q  V  I  H  C  A  O  R  A  P  A  P  W
L  B  Q  G  A  F  Y  D  G  D  V  M  Q  C  O
V  J  X  E  E  W  N  Y  R  Y  B  H  Z  L  L
A  Z  E  M  I  G  R  A  T  E  L  P  V  Q  F
S  I  P  K  T  S  A  F  K  A  E  R  B  A  L
C  Y  E  L  R  A  H  E  V  E  T  S  A  K  W
U  I  G  O  Q  I  I  Y  Z  Z  D  T  V  H  K
P  T  H  E  B  E  A  C  H  B  O  Y  S  R  C
```

BIFNAKED
BREAKFAST
CARLTON
CHARLYGARCAÃA
DANNYWILSON
DRHOOK

EMIGRATE
FABERDRIVE
PAPAROACH
PATRICKWOLF
PAULSIMON
PROFILE

REAGARVEY
STEVEHARLEY
THEBEACHBOYS
WAVVES

Puzzle #196

ROCK MUSIC

```
R V C C J G I J E C F S Y R B
A F D X D R A T A N E B T A P
Z H S J R A H U X G T O M L A
O E P A C S E Q O K U Y Y D K
Y W S M E F E H T M X A B B I
A N T H O N Y G R E E N R S N
S A N P I R Q E I I L D Q E G
S T N E C S E L O D A B A Z S
E G N A M C N A L B X E J R O
W O W A T Z I D D O C A B E F
L R M P X S I W Y R U R E W L
U H Z C E X U F K I U Y Z O E
W C F S L S X G P S K G Q L O
N F S L R I G M U D M U D U N
B T B O D N A D N A V E D E X
```

ADOLESCENTS	BOYANDBEAR	PATBENATAR
AIRHEAD	DUMDUMGIRLS	
ANTHONYGREEN	ESCAPE	
AUGUSTANA	EVANDANDO	
BLANCMANGE	JAGUARES	
BORIS	KINGSOFLEON	

Puzzle #197

ROCK MUSIC

```
C E G D U F A L L I N A V T J
R E M P A O H K S U V W T W O
M I J E Q B B K R I C V Y V I
T P G A R P R W E G S E A S O
M H S P C D R A Y E V A R G E
M E E E P K O A M L R U O O Z
E H N L E W I O T O D H S L Y
Y H X A I K X E G E O E S K B
X O B N T V N N W A D R J A B
K M K W O W I A A I T R E V W
A O R F C R O N Y M L L W G A
K H D R Q E B R G N L S E P F
T N E J D I B E K E M L O D P
H Y T A H P O T H E N A A N M
T S M A S H M O U T H D D A C
```

ABRAMOORE

ALLMAN

DAMNYANKEES

DELTAGOODREM

GRAVEYARD

JACKIEWILSON

LUCERO

MENATWORK

OASIS

RATEDR

SMASHMOUTH

THEBRONX

THELIVINGEND

TOPHAT

VANILLAFUDGE

WYLDE

Puzzle #198

ROCK MUSIC

```
T R N H A G G U H S E M H U T
L Y W V Y Y E L H E R F E C A
I N S E C Y N D I L A U P E R
V C T Z G C B A Y K S E U L B
Q H E C G W R H P K G Y T H R
E R P T O T A S X M Q L V D W
H I P G J G N O T R O H T E B
Q S E Q G D T R Q L H C U O R
V C N V P M B Y Q C J D D L Z
B O W Z F A J R K W I Z E A S
R R O Z M C O C O R O S I E B
G N L I F O R E I G N E R W V
I E F T D E K O R T S D P N D
V L N E U L B G N I K C O H S
F L C E U S Y G G E P N W E M
```

ACEFREHLEY	COCOROSIE	SAEZ
BADCOMPANY	CYNDILAUPER	SHOCKINGBLUE
BETHORTON	FOREIGNER	STEPPENWOLF
BLUESKY	GENE	STROKE
BRANTBJORK	MESHUGGAH	
CHRISCORNELL	PEGGYSUE	

Puzzle #199

ROCK MUSIC

```
R A T K E N M T S U F Q H O A
G I T J K H C Z U T B T F R U
K J S I F G D S G P O U K C T
D R N D R E A M O N E Z U H H
I C W U P G N Y X G O L X A O
F A S H L E E S I M P S O N R
Z L Y A W N I N G M A N E G I
Y S T O N Y J O E W H I T E T
B Z B E Y I X A T N O O M J Y
G T J I E M P H L I Y O G P Z
A L T E R E D I M A G E S C E
E U N E V A E C Y O B U Y F R
F X N D I K N V I S L A N D O
Y U F E C O V A V I V T M R K
E E R T A U H S O J I S T A U
```

ALABAMA
ALTEREDIMAGES
ASHLEESIMPSON
AUTHORITYZERO
BOYCEAVENUE
CHANGE

DREAMON
ISLAND
JOSHUATREE
MOONTAXI
NEGRITA
NEKTAR

TONYJOEWHITE
TUPELO
VIVAVOCE
YAWNINGMAN

Puzzle #200

ROCK MUSIC

```
R D R Z D M I C E P A R A D E
I E N G A T N O M A L Y A R I
T N A N C Y S I N A T R A N D
C H I C K E N S H A C K C R X
F U D G A O S G G O R T E H T
C J T A Q R H A I I M U L Z M
S I H C U W Y M V R O A L A A
K W T H O G H B E T I L D Y M
X O Z K D P H M R J V D W R M
P G V F U N Y T U O K A E R B
N W S Q Q D K P R M T S L S R
K W S I S I N Y R Y A H L G J
Z P K X Y Y A I X A T A E L J
D O M I N I Q U E A S Z R R V
E N I A C C M N I W D E E Z S
```

ATAXIA	DAUGHTRY	NANCYSINATRA
BREAKOUT	DOMINIQUEA	RAYLAMONTAGNE
CARYBROTHERS	EDWINMCCAIN	RIDE
CELLDWELLER	INDUKTI	THETROGGS
CHICKENSHACK	ISIS	
CUTCOPY	MICEPARADE	

ROCK MUSIC
Puzzle # 1

```
  M A R K K O Z E L E K
    E P I P E V R E V E H T
R     S D I K P U T E G E H T
  O     G Y       A B           S
    J     I K     R U           U
  A   N     R S     G S         N
    I   E     N U       Y H     K
  M       B A   U H       B P I
  E         E I   R         O L
  E           G B           P M
  M   L A U T I R Y           O
  A S W A D       O A         O
  N               J S         N
  N O G A R D
    P R I M A L S C R E A M
```

ROCK MUSIC
Puzzle # 2

```
K     R O T A T I G R U G E R
    I H T A B B A S K C A L B
    L     D           B
R   L     R           I
  E   R I U A A     L         A
    L   Y N R I Z   L         L
      M   A G I C Z W         P
      E   N J A A I           I
    N Y G R O S O H T W       N
    H O C K E Y T K H S       E
        N     H   A E E A S   S
          A     N   R   E N T
            M     W S     P   A
T H E R U T L E S     O       R
T H E C R O O K E S     D     S
```

ROCK MUSIC
Puzzle # 3

```
    X   S I L V E R C H A I R
L     D I U Q I L D I U Q I L
T E     N C B M
H   K     A O B O
E   A N B E R L I N
S     U R R B D G T
E T E E R F O O   S Y E
A   N       R T Y   H D R
H   A       A A H   O N E
O     P       G N A   T A Y
R       S       T I R
S   S K A T E R S   R M P
E T I H W     M     A I E
S           L A U R A   L R
              J           E
```

ROCK MUSIC
Puzzle # 4

```
S N I     E A S T W E S T
B I S A Z G   N
  R W H I Z R     I
  N I E E V Y E     A R O C K S
    E G L P L S E     M       J
    S D H N P Y T N   E       E
    T   I T O A S R D   H     F
E O   T A E R R D A A     T F
    N   N M Y A D I D Y       W
    E O   A N E A   V L       A
    S   M   I O S     A I Y
    O   A   E G R A B E D N
    U     R       I           E
H O R S E T H E B A N D
```

ROCK MUSIC
Puzzle # 5

```
    S R U E T N O C A R E H T
E I B M O Z E T I H W     B     S
  M           T             L     T
  U       T I S N A R T A     E
A S S A M A N O B E O J C     V
  I               M     G     K     E
  C               U     R M     H
  A E   C H R I S I S A A K A
  L   D                 E I     C
  Y       U     G N I Y A L P K
  O       D                     E
  U       O O G O O G A J A K T
  T T H E P E N T A N G L E T
  H                 I
J E R R Y R E E D K
```

ROCK MUSIC
Puzzle # 6

```
    Y B S O R C D I V A D I O
    J O H N F A H E Y
        M A G G O T B R A I N L
T       D F I R E W O R K S     A
  R     O     D                 A     N
  I A       O     E                 F     D
  S W         W     B             E     O
    L E F T F I E L D T             F
    A T     A         J     Y     T
    M S     C                 S     A
    R D     D                 U     L
    O O     A         I     K
W H I T E L I O N R     M T
  R O N N I E M I L S A P
  S K O O K E H T
```

ROCK MUSIC
Puzzle # 7

```
      E N M O T O R H E A D R
S         P I                     O
P N I N H A L E E X H A L E C
  A O       A R R A             K
  O R M S T N G A L             I
  B L Q M R H E K M O           N
    E U U I U G R C E K         R
L O S T R E S E I A A N C       I
      H E T E T N     L E E O
      D D C N U K     B L B
        I N O E A N
        T O U G E A
        T S R     H E
        O A T     T J
L L E H C T I M I N O J S
```

ROCK MUSIC
Puzzle # 8

```
    H     N E M S G N I K E H T
      T S C A N D A L
T       I         M
H     G C A E S A R S
E     S N     F     Z F I
H     N I     D E O     F
U         I R     N B E     E
S         K P     I U D     H
H             R S A L J O     T
S     G N I K E N E B A G
O                 P         L A
U   L E V O N H E L M       A M
N R U A D I U M A I R A M     M
D   L E I R B A G N A U J
T O B Y L I G H T M A N C
```

ROCK MUSIC
Puzzle # 9

ROCK MUSIC
Puzzle # 10

ROCK MUSIC
Puzzle # 11

ROCK MUSIC
Puzzle # 12

ROCK MUSIC
Puzzle # 13

ROCK MUSIC
Puzzle # 14

ROCK MUSIC
Puzzle # 15

ROCK MUSIC
Puzzle # 16

ROCK MUSIC
Puzzle # 17

```
    M A N U C H A O
R E Y A M O R R I S S E Y
    S G N I K N R E H T R O N
E E N I L A D O K         A
  N L S                   X
    O I G O M S N E D L O G
      O S T H E R U T S
        B S   C
          T I     Y
            J A M E S B R O W N
              P G     P
R E V L O V E R     N   K
W O L F P A R A D E I     R
E Z L U H C S S U A L K   A
S O N N Y A N D C H E R       B
```

ROCK MUSIC
Puzzle # 18

```
N E M O T O R P E H T       S
Y E   W H I T E R O O M     K
X A W L U O S D O O L F     U
D   K Y E                   N
    E   C O G             R K
B   N     M R A           E A
R   E   M   E K T         B N
I   E     A   I D O       E A
A   G W       D   L O     L N
E N   R O     E     L L   U S
M R   A P         H   E L T I
A F O   Y T         T   N S I E
Y     K   D A V I D C O O K
            O C           N
            N
```

ROCK MUSIC
Puzzle # 19

```
      S P I N N I N G F U R
S I H P A M E O J     H
  T E E W S W E H T T A M
H A R D L I N E     N
  N M     R       D
    O I       U       S
B     S N O R T S I H G N E G
L       L A     H
E     T H E C L A S H
A   S P O O N
C         Y
H C T U O E M E K A T
E N I E D O C     C
D   P           I
  J A M E S G A N G   R
```

ROCK MUSIC
Puzzle # 20

```
      T O O R D E T S U R
    K I L L E R S
      N R O Y O R B I S O N
S       A E             T
H     F   F V           H
C R T D U A N E E D D Y   E
I   I E M   T R           W
E R   M A   I   S L U S H H
K T   S D   L   N A       I
B   N   O S   Y   E S     T
A     A   H Y   F   W T   L
C       T   C       O G   A
K     E H T A E R B R     M
  I W I L L F O L L O W C S
  T H E R U B E T T E S   E
```

ROCK MUSIC
Puzzle # 21

	M	U	N	G	O	J	E	R	R	Y		S
R					A							P
	E			S		I						E
Y	Y	M	C	S		T		R				E
G	E	Z	M	A	T	R	I		A			D
A		L	Z	U	R	E	O	L		M	E	Y
R		S	I	S	I	P	B	L		A	D	O
Y		A	E	L	A	N	P	T	S		D	K	R
G		V		R	N	N	A	U	H		I	I	T
L		O		P	I	N	R	P	O	E		X	I
I		Y			S	H	O	O		M		Z
T						I	T	D	U	O	A
T			G	U	R	D	E	V	O	L	N	S
E									L		E	D
R	F	U	N	B	O	Y	T	H	R	E	E	Y

ROCK MUSIC
Puzzle # 22

						M	E	T	A	L			
				D	O	N	W	I	L	L	I	A	M	S
S	N	U	G	Y	O	T	Y	N	I	H	S		
					N	O	D	R	O	G	A	N	I	N
			S	A	I	R	S	U	P	P	L	Y	
A		T	D	N	A	L	Y	H	N	A	I	R	B
C	O	M	P	A	N	Y							
			R		B								
Y	T	R	I		D	R							
					F	N	E	E	T	S	M	L	A	M
S	U	B	L	I	M	E		C	R	A	N	E	S
							I		N				
			N	E	I	L	D	I	A	M	O	N	D
						F	A	L	C	O			
N	N	Y	L	F	Y	N	N	H	O	J			

ROCK MUSIC
Puzzle # 23

		M						E				
		A	L	W	I	L	S	O	N			
		F		D	O		C		M	D		
I	S		O		N		O		E	O		
L	M	M	N	U		E	H	M	A		J	
	E	P	O	O	R		S	C	A	G		A
		E	E	S	S	T		S	S	T	E		V
		D	R	S	I	E			M	A			E
			E	I	O	O	T	D		L	N	
			W	A	L	P		I		I	Z	
			Y	L	B	U		H		F	A	
			Z	T	N	H		C				
				E	E	I	D		Ո			
					E	G	Y			O		
	S	E	V	E	N	N	A	T	I	O	N	S

ROCK MUSIC
Puzzle # 24

	E		T	S	U	N	A	M	I	B	O	M	B	
		V												
M	Y	D	A	I	S	A	T	S	A	N	A	N	I	N
	U	E	I	W	T	D	Y			R				
	O	S	L	L	E	H	N	E			T			
	J	M	C	I	L	U	E	O	P			E		
		O	E	L	R	I	G	K	P	M			P	
		N	A	R	E	E	N	O	I	O	O			
Y		D		N	T	S	E	G	R	L	D	P		
	L	D			B	X		L		E		L	R	
		E				A	E		Y	R		E	A	
		K	E				E	N		L			R	B
		K		O				Z	I		L			S
		E			J				S	I	R	I		
	R	I	A	H	P	Z	I	L					B	

ROCK MUSIC
Puzzle # 25

```
N O S I R R O M S E M A J
T A E F E L T T I L
    D O O L B E S O O M
L
R   L Y               L P
  E   I A V I B U F F A L O A
  L E J D Z               W U
I T E Y L F N A N A H C U B L
    T L F O R                 K
      E E O M M               E
          I B K Y N           L
          N A C E O           L
  R E A M O N N L A H S       Y
  G A Z P A C H O       J     A
                  R B         J
```

ROCK MUSIC
Puzzle # 26

```
X N O I T A R E N E G B
        B R O A D C A S T
    J L O V E A F F A I R     K
  S D I E R N O N R E V R     E
  U G C M   A             Y   N
  L   N H M B D           M   S
  T     I R I U A         C   I
  A         P I E R C     G   N
  N         P S V L I     U   G
  S           A T A I R I     T
  S E G D E E H T M U V R     O
  W               A G E A N   N
  I           N O N E     S H S B
  N O S G D O H R E G O R A
  G   S E L C I C I T S E T N
```

ROCK MUSIC
Puzzle # 27

```
S E L   Q U I L T
  L M E W   A
R S L I A A   D       E
T E H O L H J     U       T
M C G A D I C S     C       N
  I E E D O E I S     A     A
    T J O O O A M A O R       K
      S O R W G U E L J R
        K R K G O T G G N A
          I P D A O U R     A B
            Y S I A L G M O     B
            D L L H L       N E
              N W A C E         G
                A O         R
R I L O K I L E Y R H         Y
```

ROCK MUSIC
Puzzle # 28

```
  S T R U C K F I G H T E R S
S Y N       Y L V
A I M E       E U E
M   L E D Y B S O R C
A     B R R N   R S L
N     F E E E I   E R A
T       I R J W K T J M I
H         N M D O S E W     N
A E B O N I K O N L T N E       E
C               N A   L N N
R E V I D Y L O H D D       I O
A                     A   T S
I               S D R O H C S
N       O N E R E P U B L I C
```

ROCK MUSIC
Puzzle # 29

```
    N E E R G F A E L A E T
    I O H W S S E U G E H T
    R T O M M O R E L L O E
    A Z               T L
E D   T   I E         R E
L I   R   L R     G   A C
M N O S N A H A E     A M A
O   O C A   E N B     Z L S
R   N H   P   H I B C   I T
E   E O     P       L O N E
J   I L D A V E M A S O N E R
A   L Z     A       M R S
M   O         R     B A
E   V         S E     C
S R E G D O R E L I N S
```

ROCK MUSIC
Puzzle # 30

```
S E O L E M E R T E H T R
              S     Y
E   L           S   A N
D   U   S         A N
W R   M     T       B
Y   E N A E K   A     I
N     T C O N V E R G E N B
C       H   S       S   G I
O         G   P       H L
L G A R Y N U M A N     A L
L           A   M     M Y
I S T A T E R A D I O     I
N A M N O R I         D
S       J O Y D I V I S I O N
G R E G O R Y I S A A C S L
```

ROCK MUSIC
Puzzle # 31

```
    T E N G A M R E T S N O M
  F R E D D I E K I N G
N       Y           W   T S
  A       O   X       I L H T
    M       M   X     R E E A
    O R       N   O   E N S T
J O U R N E Y   O   F D N T E
          G       S     Y O O
  P J H A R V E Y   I   K N F
P U E M T R A T S     L R E S
              B       A R H
T R A F F I C H E N O A V O O
                  B I S C
N O I T U L O V E R E H T E K
                  Z S
```

ROCK MUSIC
Puzzle # 32

```
  F   R A S C E N D A N C Y
  I   S E N O J Y L L E K
W   R   B   P             S
S A E E   I   R       H   W C
  O H D W   G   A     I   I O
T O S L O     Y N H   N   L T
O U G R O L     O   N D   L T
R S   A E G K I U     E   I M
C E       M K W C   T R B E C
H           S K E I   H   N K
E           E I R N       E E
            U N D       L N
            L   N       S Z
A D L A H I D N Y   B   A O I
C I G A M O G E W E R E H N E
```

ROCK MUSIC
Puzzle # 33

```
  N K   M           P   P
  B   O L   R       I P A
    R   I   O       N O U
      E   G F   T     C P L
        T   I Z   S   H E M
          T   L   I   N     T C
A Z T E C C A M E R A I C C
              N     R G   A A
                D     D M   R
E G D E L S Y C R E P A   T B
S E I B M O Z E H T R N B N
    S O U L S A V E R S   E
    T H E T U R T L E S U O Y
N O V E Z N E R R A W N   N
S T E L O I V A M L A P
```

ROCK MUSIC
Puzzle # 34

```
    M I C H A E L F R A N K S
        D
  N O T P A L C C I R E
        V
          I G R U F F R H Y S
B   W I L D C H I L D
F O       L   M
L R       E N I E T S M M A R
A   E     E U R Y T H M I C S
M Y A W D R A R E G R
E A I R B O U R N E     I
N       T M           C
C       H   S
O       B B B R U N E S
  K I N G C R E O S O T E
```

ROCK MUSIC
Puzzle # 35

```
V   S R A E F R O F S R A E T
A     Y G D O D         H
N     J     X           E
M S L L O Y D C O L E     K
O   E   H T     B         I
R   N     N O     Z       L
R     O     N I     Z     L
I A     J     Y R   A     S
S R     M D   C T   J
O   C I T E O P D A E D
N   H W V T   E S I
      I   E       V H U
        V R       I   Q
        T H E H O U R S C
L L I M M A H R E T E P     S
```

ROCK MUSIC
Puzzle # 36

```
N P A R A D I S E L O S T D
  I     S   G R E B W A C I M
  N A   E   A           A
  K R   D   R           M
  F I T   N B Y         O
  L N R T   A   J       N
  O   K O L N L   U     D P
  Y   S B U G   N   L H H
  D     R C   W   E I
        A D     A A S
        M N U   H D H
        A   A O E
A C I L B U P E R     L
  E C I R P D Y O L L   L C
  M A R T Y F R I E D M A N
```

ROCK MUSIC
Puzzle # 37

```
  E N O T S A T T E S O R
N N U G R E T E P
  S E K U D Y O B M A E H T
    B   K E I T H U R B A N
    I D I A N A R O S S
    G     N     A         I
    B     M     V   K         C
    L     A         O O       A
B   A S E R O C S     N       T
O   C     T             O     A
N   K     I                 D T
J         N A S S A M A N O B
O             N E L S C L I N E
V S T E E R T S K C A B       I
I   K C O H S R U T L U K A
```

ROCK MUSIC
Puzzle # 38

```
  H L A L O S C H I F R I N
  Y   S     S T U M B L E
T B   B A           L
H R   K A A K L A U S N O M I
E I   C C R K       I L
Y D   A O R A       L
A T   R R Y I         E
R H       B K M C       M
D E         O N A I P S A C
B O         N U N R       J
I R         H P I T
R Y         O Z L A
D             J Z O P
S F A O L F O S R E H C R A W
  N E I L H A L S T E A D J
```

ROCK MUSIC
Puzzle # 39

```
      D                         S
B E R N A R D B U T L E R     T
R U     V               K     E
A T       I       C       A E
Y H   S       D       O     T L
C B     I       B       L   O P
H R       S       Y       D B A
A O         I   O R O D Y N
R W             R     N   M T
L N N E P L E A H C I M E A H
E V T C I H C Y S P A     C E
S   G R E B L E G O F N A D R
    D A L E H A W K I N S
  S T O O R S S A R G E H T
    Z E U G I R D O R     C
```

ROCK MUSIC
Puzzle # 40

```
P O H S I B N I V L E
  T H E F O O L
T     L O R T A P W O N S
O     S D N O M S O E H T
M     S K R A P X E L A
S E Y A H C A A S I     N
A               I
W   B M A C H I N E H E A D
Y   U     D L O F E H T
E X R A M D R A H C I R   W
R     G             A
  C H R I S R E A   I
      E       Y N
F A S T B A L L       O
  S E S O R N S N U G
```

ROCK MUSIC
Puzzle # 41

```
                                  J
Y   Z A C K D E L A R O C H A
D R U L B   M             H         T
I L E A N N R I M E S N         H
S N V       T     L     L           E
T     O O       O O     E           S
U       O C         K W N           T
R       S S             I N         O
B       H   L I       P O T S O
E           I   L D       N B       G
D       A U D R E Y H A L L E
                E     W             S
    G R A H A M C O L T O N
S N I L L O C L I H P E
            R E N R U T G
```

ROCK MUSIC
Puzzle # 42

```
G           G I L B E R T O G I L
R       S M A L L F A C E S
E     C           B
T N C A R O L E K I N G
S N I L R E B     O
C   O W     B         D L
H     I L     O N S N A E M O N
          S I   N   U A S
          S R     L   M B I
            A P   E   I E L
            P   A     R H
N O M Y L E I K N A R F       P T
        H S I L G N E N R E D O M
S I T R U C E I T A C
        D R O W N I N G P O O L
```

ROCK MUSIC
Puzzle # 43

```
V A F Y V A S S E L
  S Y O B Y L E N O L S O L
    S H H     S
S   E A C     N
    A   L P A     R
      G     B E B D O W N
      S   E S M     R     H
T   T     V I A D E L E
T H       E   S E H   U     C
E     E   S V   A R S   A   U
B E D D I E F L O Y D N     R
E         R H     G D B     A   B
A             V O       N A   D
S T A R S H I P W       A B
T S D I A M Y T T E R P N
```

ROCK MUSIC
Puzzle # 44

```
  Y E S R O D E E L
  D T R             S
R S E O F           U
  O S L B F           K
S B Y A A I I           O
  I   C M M R S T         R
  L B   L K I C I N   J   H K
  L     A C T R B I E     O
  Y     R N R A A L       A
  O     K A I M L S D
  C     H E D L E Y       S
E G A B R A G       B F
A                     I
N R E V T H E O R Y S
N E V I R D R E V O     H
```

ROCK MUSIC
Puzzle # 45

ROCK MUSIC
Puzzle # 46

ROCK MUSIC
Puzzle # 47

ROCK MUSIC
Puzzle # 48

ROCK MUSIC
Puzzle # 49

S			V	O	G	N	I	O	B	O	G	N	I	O
P	U			I	G	N	U	O	Y	S	U	G	N	A
E		I	R		I									M
T		C	R	E	E	D								C
E			A	H		S								L
R				D	P	T	S							A
F			L		O	N	U		J					U
R		S			U			T	E	Y	O			G
A	E		R			A			S	M	K			H
M		P		O			P			I	E			L
P			P		O	G	U	S	T	E	R	V		I
T				O		D			E			H	A	N
O				R		E			L			C	P	
N				C		H								
Y	T	R	E	H	O	D	R	E	T	E	P			

ROCK MUSIC
Puzzle # 50

		T	H	E	B	E	T	A	B	A	N	D		
R	I	C	H	I	E	S	A	M	B	O	R	A		
		D	R	N	Y	K	S	D	R	Y	N	Y	L	
S	E	D	R	O	C	N	O	C						
H		R	E	K	A	M	T	I	H					
A			E	M	I	L	Y	H	A	I	N	E	S	
W		E	S	R	O	M	L	A	E	N				
N			D	U	S	T	E	R	D					
M				F				E		O				
E	E			L					V		O			
N		H		A					I		G			
D		T		G					L			B		
E			H	E	Y	R	O	S	E	T	T	A		
S	P	M	I	P	R	E	K	A	E	N	S			
D	L	E	H	R	E	V	L	O	V	E	R			

ROCK MUSIC
Puzzle # 51

ROCK MUSIC
Puzzle # 52

J		S	R	E	K	C	U	S	R	E	P	U	S
A				G		B							
C	A	S	H			A	I						
K	L	I	T	T	L	E	R	I	C	H	A	R	D
N		N		H		D	Y						
I		O		A		S	M						
T		E		O	O	E		O					
Z			N		F	N		O					
S			N	T			I		R				
C	M	E	T	R	O	N	O	M	Y		H		E
H			C	A	K	E				S			
E	R	E	Y	A	S	A	E	Y		N			
S	S	A	B	E	L	B	U	O	D				
	S	E	N	O	Y	L	E	V	I	L	E	H	T
G	N	A	T	S	G	A	J						

ROCK MUSIC
Puzzle # 53

```
    S E L P P A R E V L I S
        T O       I
      X       H D   N
  S I T       E Y D     F
    Y L X     H   C S   O
    S A O S I N O   A S G
  R T F W E N P     Y R E G
  O H L B   D E     L S Y
  B   E A U   E F   O   N
  E     N T S   L   H   O
  R       I T E   A A   T
  T       C O H M N     I
  S       E P T I G     O
  O     K C O M M A H E N
  N   S E L G N A B E H T
```

ROCK MUSIC
Puzzle # 54

```
      S                       P
  D   E                       E
M   A   R   N                 N
S I   E E S T O               T
  E K   H C T O R R           A
L E E   T I T P A T           G
  A   B P   E S A E H Y       R
L   I O A A E K U M H H D     A
  O   C N C T R C M I T T A   M
R N M E A C T G U Y T       E L
  E   G A P M A O I B X N     B
    B   V R S R M N T     O A
      M   I I D E E     E   R
        A   E A E H H     L
          W       R     T
```

ROCK MUSIC
Puzzle # 55

```
          G V D L O G H C U S
              R T
    H           I O
D   S W O R C G N I T N U O C
A       I A     T     D R
V       L   M     T H E C H A P
E       E G A       E   R B
G F     X   N       J   M A
R R     T   M E         N   A
O E     U   A   D       A   N
H E     R   N     A       O
L B     N C H R I S B E L L J
  I     E       M O B Y
  R     R S E T N A T U M S O
  D   T B U O D O N
```

ROCK MUSIC
Puzzle # 56

```
X         K
  O       P N
    N     S O U T H       C
      N       P P         A
  D       E   A E         S
  D A R R E L L   V       S
    S V       E W E I     M
    T T E C     I   G L C
    R V D I     L N Z N C
    O   I A N C   N E O
    K     N V O     A M P
    E       C I M     B O S G
    S   S L I D E E R   S   G
              N S A
B L O W B Y B L O W T   H
```

ROCK MUSIC
Puzzle # 57

ROCK MUSIC
Puzzle # 58

ROCK MUSIC
Puzzle # 59

ROCK MUSIC
Puzzle # 60

ROCK MUSIC
Puzzle # 61

```
        G A L L A G H E R

A C R E U P A L E V A L
  R   Y F A N F A R L O
  D   S L   E U             L
  E     B L C S R     L O U I E
  A     G I O   E R         N
  N       E R H   M E       K
  T   X     N C Y     E B   W
  A   Y     E E E D   N M R
  Y G       T R   S H D     A
  L   E     S     I T U     Y
  O     M H       S   B
  R     G O O D S H O E S
        G I P S Y K I N G S
```

ROCK MUSIC
Puzzle # 62

```
M R E O S P E E D W A G O N
    A   G
P   T H E D E A R H U N T E R
L A T E O F T H E P I E R
E       W         S R A Y R F
  M U D H O N E Y
  B I L D E R B U C H
    M A E R C
  N O I T I D N O C T N I M
    E K E R E K O E L E K
L O S H E R M A N O S
    A S T A L L A S L I O N S
          S U M L I N
                          L
      B E A N O B U R S T A
```

ROCK MUSIC
Puzzle # 63

```
      Y T R A P D L R O W

              T H E A N A L O G S
          D A M O N A L B A R N
      F G B U Z Z
T   I N G N I Y D F O T R A
  H J R I       D E U S
  P E I E K         V
A   P F M F B       R
  L   I A N L B       U
    E   R I O I         C
      U C F N I G
        H     T R H
        I         T
      A N A V R I N O A G E
```

ROCK MUSIC
Puzzle # 64

```
        D
  D J I M I H E N D R I X
    I     A X       P S A P P
      O A   S I             R
P   M V C   P E             I
A   A   O I     C           N
N   R   E D O O H           C
D   T     I M N M   I       E
A   I     M O I A   C       B
B   K       M R   R   K U
E D A N G E R D A N G E R S
A   N N I U G C M N       A T
B R O W N S U G A R   U     E
                    E   R
    K C A L B N I K C A B L
```

ROCK MUSIC
Puzzle # 65

```
N     E   B A R C E L O N A
L A T H E L I B E R T I N E S
I   M B D   P   D
V   U I N L R   E
I   I D C U L   T
N   L   E O A P   T
G   T     H W H P   E
C A R T H U R C O N L E Y R
O I P O L Z I N   U U Y E   F
L   S         S   R D
O   P   M R M I S T E R A
U G N I L E E F E H T     D
R   L
    L S S A B E H T B M O B
D R Y N Y K S D R Y N Y L
```

ROCK MUSIC
Puzzle # 66

```
  E N O T U T Y M M O T
  R E K C A R K E L C N U
          A
  S         O
S I S P L I T E N Z E
  N O N N E L N A E S Y     B
T F E   I   H         W   L
H U   W Y A B S E M A J     A
E L X F O N R   I           C
M     G   B   G T           K
E       I   D   E           D
T C H U C K R A G A N       O
R           R   B           G
O         A C I L P E R     R
S
```

ROCK MUSIC
Puzzle # 67

```
  H A L F J A P A N E S E   T
          P T   D P         H
          E H   R L         E
S         A I   O A         H
U         C S   P Y         O
P M A E R D E H T D E E L B L
E       V     E A   R       D
R     A   A Y               S
N         L T R             T
A   S A V L I S E I C U L   E
T S K R U T B M O B W E N   A
U       S R E E N I G N E   D
R E N R U T A N I T D       Y
A   D O O L B R E F R U S
L     Y E N R A E K T A M
```

ROCK MUSIC
Puzzle # 68

```
T T Y S A I N O M R A H   T
S H   R E U   O         H
T E G   T P G   Y       E T
E C T I N N O U   R       M H
E A A A R O E P S   R     A E
L R   R F W R G G T   A   E A
E D B   L E D I E N I   C S D
Y I U     Y H R O I I N   H V
E G F       S T A D B K E I E
S A F       I E H E B O S R
P N A       M P C I O M T
A S L       O A I L B S
N   O       N C R U
    M A N O W A R       S   J
      J A C K W H I T E   E
```

ROCK MUSIC
Puzzle # 69

						S	U	P	E	R	F	L	Y
			E	F	I	L	T	H	G	I	N		
				Y		E							
		Q			R		U	A					
		U					U		N				
S	C	L	E	A	N			F	D	A			
W	S	T	E	J	Y	R	E	T	S	Y	M	M	
E	Y	E	N	T	R	A	C	C	M	B	L		M
E				S				U		L			E
T	M	N	R	U	B	O	T	A	M	R	A	K	I
C	D			L			R						B
H	F			O			O						
I	M	S	E	I	L	E	T	I	H	W			
L	K	I	N	G	H	A	R	V	E	S	T		
D		N	E	D	L	E	H	D	N	I	S	R	I	W

ROCK MUSIC
Puzzle # 70

		R		S	F	R	E	T	B	O	A	R	D
			B		R	R	E	T	A	W	E	K	O	M	S
			Y	A		A		O					
	G		O	U		T		H					
L	W	N		B	H		S		C				
	I	O	A	M	D	A	W	N	P	E	N	N	
	U	O	L	L	I	L	U		I			A	
	N	C	R	K	C	O	S		W				S
		H	E	A	R	K		T		D				H
		E	L	B	E	M	S	I	V	E	R		
		I	G	Y	T	A		R					
		L	N	R	F	R		I					
		I	I	A	E	S		P					
		G	S	G						S			
	J	E	F	F	R	E	Y	L	E	W	I	S	

ROCK MUSIC
Puzzle # 71

			S	T	E	V	E	M	O	R	S	E	D
	A	D	A	M	A	N	T						R
N			E	T	H	E	R	A	K	E	S		F
	E		S	L	T	E							E
J	B	L	C	O	L	E	R						E
O		U	A	O	S	I	G	B					L
H		D	H	C	S	T	D	A					G
N			D	N	K	U	S	A	L				O
F	H		Y	A	S	O	A	G	P				O
A	E			K	V	P	R	B	D	E			D
R	H	A	W	K	W	I	N	D	A	S		A	R
N	L				O		R	I		F	T	
H	T					X		Π	M			
A		H	S	A	M	A	N	D	D	A	V	E	E
M	K	N	O	P	A	K	A	H	S			R	D

ROCK MUSIC
Puzzle # 72

			T	H	E	P	I	L	L	O	W	S
C	R	E	E	P								
					T	L	U	A	F	E	D	
	E					M						
	C	O	O	P	E	R		A				
	H	S	Y	O	B	S	W	E	N			
	O					D						E
	B					A						M
	E		Z	Z	T	O	P					E
	L	H	S	A	N	O	G	A	R	D		R
	L	B	A	T	F	O	R	L	A	S	H	E	S
	Y	R	E	H	T	O	M	F	L	O	W	O
		R	E	D	D	E	V	E	I	D	D	E	N
L	U	C	I	L	L	E	D	Y	R	Y	B	B	O	B
		T	S	R	U	B	N	U	S			

ROCK MUSIC
Puzzle # 73

```
L   R D L E I F D L O E K I M
E S   E R E G N I W
E O L G K E V I N A Y E R S
R N S A N R K K L E M M Y
A I   T R I A A C
N C       O E K P H U
A B P   O N I M S L
L O   A   G U K A A P
D O   R   E F A H L
O M     T S   K A U
  S   I L L U S I O N   R K
  I   S L L U B L I M E G
  X         A
  M U R T C E P S   R
                A
```

ROCK MUSIC
Puzzle # 74

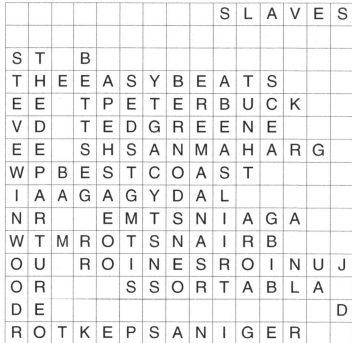

```
                        S L A V E S
S T   B
T H E E A S Y B E A T S
E E   T P E T E R B U C K
V D   T E D G R E E N E
E E   S H S A N M A H A R G
W P B E S T C O A S T
I A A G A G Y D A L
N R   E M T S N I A G A
W T M R O T S N A I R B
O U   R O I N E S R O I N U J
O R     S S O R T A B L A
D E                     D
R O T K E P S A N I G E R
```

ROCK MUSIC
Puzzle # 75

```
    B   E G D I R B       K
      R   I               E
B T A E B I K S N O R B   T
  B   N   A E S   G A C K T
    I   T R F N V I   L   C
    B G   H U I W A L   O A
    O   N K E B S I C   U R
    Y     I   U O H L K D
    K     M B   S L B S C
    I     W   O   E S O O I
    L     I     R   D N N N
    L     L         T E
    B     D         R
G E O R G E E Z R A     O
  Y E P O C S O D I E L A K
```

ROCK MUSIC
Puzzle # 76

```
              B
R T N A I G E L T N E G
E   E L V I S C O S T E L L O
V N J R I V A L S C H O O L S
E   I U   S E C A L P H G I H
R   X A R           A B
B     I T A         R
      L S S         Y T
      L U S         A   Y
      I M I         N
      L R C         F
      C A L O G E R O
T T A I H N H O J     R
  W O C S O M O I D A R
S E I D A N N A W E H T Y
```

ROCK MUSIC
Puzzle # 77

```
K U B B
R E L F P O N K
A A
C   N G O S S I P
H       D E T C E L E E H T
I           Y                   U
D I R E N G R E Y               G
T                 R
A           J O T A Q U E S T
H                 M
A   T E L E G I B M
    H P M U I R T E D E N
S I Z E S I O N F O T R A
                X
    P M U T S K C I R T A P
```

ROCK MUSIC
Puzzle # 78

```
        A K B                   T
  C         C R                 O
V U         D O A               D
T I L       C L K     P         D
O A I D T R     E       Y       R
M   M K N U O N M       K       U
C       G A T R B     A       R N
O K A R A T E E Z     I       O D
C           M E L C O     T     G
H             T L   M     R     R
R             S       U B     E E
A             O       B I       N
N     T E E W S E H T         E
E                   G
    O R T A U Q I Z U S
```

ROCK MUSIC
Puzzle # 79

```
        D S E U L B Y D O O M
      F I E L D M U S I C
      T     L
K S I S R A H T A C
E         A     A
V             W T A R T S D E R
I   N           E G     A
N     E             T R   E
D       K           S A
E A V O N A P U O R Y I
V   M O R C H E E B A L L
I X O B A N I G N I V I L S
N         R E R R E F O N I N
E   N R U O B N E R N H O J B
      N A M E K A W K C I R
```

ROCK MUSIC
Puzzle # 80

```
  N O I T C A F S I T A S R
  R A L U G E R               I
C H E L S E A W O L F E       G
S   E Y E Y D A E B           H
T         X                   T
A         M G     S E W A D   O
R             I     B         F
S         Y E L N E H N O D   F
A     M           S A
I     E             Y T
L     L               O   L
O R E V O L E F I L B     E
R       I N O S P M O H T     S
        N     E G N A R G A L
  M A S C I G A M             F
```

ROCK MUSIC
Puzzle # 81

```
      G                 T
   J     L           Y     H
M  I  P     O     P        C     E  M
I  L     U     R     R        U  A  A
N  L     W  S  O  D  I  D  I  V  I  D  L  R
U  S  I     A  C     A  N        A  Y
S  O     V     R  I     J     C     R  J
T  B     K  A  R  F        O     E  M  A
H  U     R  T  A  E        N        N
E  L        I  H  N  R        E     E
B  E           S  L  T           S  G
E              T  E  L  B  O  W  I
A  K  C  E  N  E  V  I  F  I  T        R
R     H  T  E  R  A  Z  A  N  E        L
      S  K  C  I  N  E  I  V  E  T  S  S
```

ROCK MUSIC
Puzzle # 82

```
      A              J
      L  R        O  Z
S     J  B     E     N  E           K
   R     E        G     A  L        T  R
E     E  R  N        N  L  I        H  I
M  N  T  J  N        E  N           E  S  T
   Y  A  O  O  I     W  S        R  T  O
   D  C  L  O  N  F  I  K  S     E  I  X
R     R  R  Y  H  N  E  Y        A  A  N  I
O  O  O  E  D  E  Y  R           P  H  C
   S     F  M  B  H  C  R        E  E  I
   S  E     T     O  T  R  U  R  R  T
      T     L     B     A  S  S  Y
   S  P  A  R  T  S  O           I  H
T  H  E  G  O  R  I  E  S  C        G
```

ROCK MUSIC
Puzzle # 83

```
   Z                       J     T
T     T     S  K  N  O  M  E  H  T  A     H
T     M  L                       S     E
E     Y  O  O                    O     T
D        A  D  T  R  A  L  U  B  E  N     O
I           R  E  S  A              A     R
C  Z           G  R  Y  E  O        L     N
T        A  R  A  S  D  A  E  D  I     D  A
A        G     A  F  I  T  L  Y  D  E     D
T        U        V  T  L  E  A        O
O           F        A  O  E  N  R     E
R                    D        K  O  S
S        N  E  D  R  A  G  D  N  U  O  S  L
      G  O  L  D  E  N  S  I  L  V  E  R  S
      O  I  B  U  R  A  N  I  L  U  A  P
```

ROCK MUSIC
Puzzle # 84

```
                        B  T     C
      S  I  T  O  E  I  G  G  U  H  S  I
R     U  N  C  H  A  I  N  E  D  E     T
   U  L  E  L  A  C  S     M  K  T     Y
   O  L  L              P  A  R     A
C  E  M  E  V           E  S  E     N
R     L  L  V  I        O  U  W     D
A        L  I  I  S     P  F  S     C
Z           E  G  T  P  L  L        O
Y              V     S  E  E        L
H              E     N  R           O
O  N  I  W  T  X  E  H  P  A  K     U
R                 C     L  I  R
S  D  L  E  I  F        I  O  W  A  N
E  T  A  G  H  T  A  B  S  I  R  H  C     S
```

ROCK MUSIC
Puzzle # 85

```
      L L E B P M A C E K I M
T H E Y O U N G G O D S
          T U O S L O O H C S
    L E I R B A G R E T E P
  E T A T N A M E L T T I L
  H   S L E O N R U S S E L L
  N C   L   N   A
  U S X L S O   T
    R N I E P T   H
      O A N W E P   E
        T J E Y C A   M
          N G O R I L L A Z
            R   H A M C
  Y O U T H G R O U P M E
  S L O W R I D E B     N
```

ROCK MUSIC
Puzzle # 86

```
                        F
C K C O T S D O O W     E E       B
  A   D                       L   O
    R   E W A F A R N A Y T R
L G N I K T R E B L A S S     I
  L     B     S           U I N S
    I     O     I         B A O G
    T H       U   L       T N I A
O     L S         K   L F Z R
  E     U S           C E I E D
    L       C E         A E M I
J O N A N D E R S O N       L C N
        K       H P         D B E
M O T S U C D J T Y       S     R
  T H E E X I E S     C
```

ROCK MUSIC
Puzzle # 87

```
      T H E F R A T E L L I S
    L E E H W S R E L A E T S
  S   N I A R T Y Z A R C
    L   A M Y G R A N T
      L   K A E R B L I A J
        W U E N I H P A R E Z
F U Z Z O K
            L S R E N E G A D E
  S I C N A R F K C A L B
        O     A O
          H     B D
            S     U N
  N A M E R I F E I I T O A
    S N E B U R E H T L B
W E T H E K I N G S
```

ROCK MUSIC
Puzzle # 88

```
D S E N I C S I T S A L P
  U H   K       T H E W H O
R C O I   C         S J
  E O L N A I N O T A T A K
    K L A E   P       E P A
S E   O D S D         V A T
E E U   O P L O       E N H
N V N R S H L R W     N D Y
  O I O C L E A I N   T R S
    S R J Y A E Y G   Y O S
      B D S E Z L     L I O
        I R U L A N   E D N
          G E S T C H R S G
            V E O   O
            O J M   J
```

ROCK MUSIC
Puzzle # 89

```
  E L A U R A M A R L I N G
S N A   L I M P B I Z K I T
  C T G N I H G U O C L U O S
    R A I I   E
      A C V L E S
        B T E A O N I
  A L   C H L M O O
  R A Z A H T L A B T
  C C       A A I N D R
  H K R     C Y R A E O
  T K   I       I A V U R T
  O I     S       D J A J
  P D D A M I E N R I C E
    S   R E W S N A E H T
      A D A M L A M B E R T
```

ROCK MUSIC
Puzzle # 90

```
    A J N I N A L L I N A V
S T         L       L
E H   O       E       U
B E     O T I N G O C N I
A L C   E Z F Y     S A
S O   I X   N A A     A
T V     H     O M R       Y
I E     E C     L I R       E
A D   S X       Y L A       R
N O   L         B Y G
B N   E   N O V A S T A R U
A E N E M A K K C I N   B   S
C S P
H T E E N S P I R I T
  T H R E E D O G N I G H T
```

ROCK MUSIC
Puzzle # 91

```
E   R E D N O W E I V E T S
  V
W H I T E R A B B I T S
E R U S A R E           P
      R                 E
L       U N A H A G E V A D
  E   S   C       I     C E
    T     Y         N   E A
      O S L A Y E R   T S D
        H   I D N E L E M E B
          O S H T I M S   L O
L L A F E R I F   S     L Y
            K     A     S S
      R E V O L L O R   L
T H E C U R E       T
```

ROCK MUSIC
Puzzle # 92

```
N
    O N   H
      I A   O   B   S
T       D I   D     O     I
H           T Z A Z B   M
E           S   B J       I
S N           A S E N O M A R
T   O         B W S         N
I     B     W A T E R S
L       T           L S
L   G R E E N O N I O N S
S S     K N U P A S I Y D U J
T H E G R O U N D H O G S
    Y O U N G
```

ROCK MUSIC
Puzzle # 93

			D	S					
			A	N					
			H	E	O				
T	T	S	A	V		E		H	I
H	H			D		M	S	P	
E	E	B		G		C		I	R
C	W	O		E	D	L		T	O
L	A		B	O	Z	S	C	A	G	G	S	R	C
I	T	D		M		N	S		O	S
E	E		E		K		P		P
N	R		E		A		O	
T	B	J	E	T	H	R	O	T	U	L	L	P
E	O			U		E	L	I	X	E
L	Y	E	N	Y	A	D	R	O	L	Y	A	T
E	S				L	

ROCK MUSIC
Puzzle # 94

P		B	I	K	I	N	I	K	I	L	L
E		U	T	H	E	J	O	K	E	R
T		Z		V	
E		Z	M			I	R
R		C		Y		N	E
G		O	R		H	I		R	P
R	Y	C		A		T	R		U	Y
E	K		G		U	O		D	R
E	S	N		S	U		O	N		O	T
N		I		H	S	M	L		L	S
			K		E		D	U		F
		E	R	D	R	D		N	N
M	A	T	T	H	I	A	S	R	E	I	M	U	G
R	A	S	C	A	L	F	L	A	T	T	S	O
Y	R	O	L	G	D	N	U	O	F	W	E	N	H

ROCK MUSIC
Puzzle # 95

E	P	I	T	S	L	E	A	H	C	I	M
L	A	D	Y	P	A	N	K
	B		S	D	A	O	R	S	S	O	R	C
S		R	E	T	N	I	W	R	A	G	D	E
F	E		R	P	E	T	E	R	A	N	D	R	E
D	A	N	W	O	T	Y	Z	A	R	C		P
E	A	L	I		J		G			E	S
	R	N	L	V		A		N		N	A
	U	K	O	E	S		N		A		N	I
		P	O	U	H	T		S		B		Y	L
			T	J	T	T	E		C		G	W	O
				I	O	B		V		H		I	R
				O	N	O		C			S	B
					N	E	Y		N		E
	B	E	A	C	H	F	O	S	S	I	L	S

ROCK MUSIC
Puzzle # 96

A	X	E	B	A	S	S			T	I
S	E	L	T	A	E	B	E	H	T	O	N
		R	A	T	S	Y	Z	Z	A	M	O	L
D	R	A	S	N	A	H	N	E	L	G		L	A
							K					Y
Y	E	L	N	A	T	S	L	U	A	P
			H	C	T	U	L	C
	R	E	H	C	R	A	N	I	M	S	A	T
	Z	N	A	S	O	R	D	N	A	J	E	L	A
H	A	V	E	A	N	I	C	E	L	I	F	E
			G	L	A	S	S	T	I	G	E	R
				E	P	O	R	U	E
	J	O	H	N	N	Y	W	I	N	T	E	R
H	S	A	D	E	O	C	S	O	R

ROCK MUSIC
Puzzle # 97

```
  T K R J                               G
    A A O A     T                       E
    C L I B K       O                   R
      A L S E O       D                 R
K N A K S I E R B       O               Y
  E   R   S A R T           Y           R
    I   R   A C C F           A         A
      G   A   D E H R           K       F
        H   P U E I I I                 F
E N O R A T S N     E B E P             E
            L G H     P L F P R
    J O H N L E E O     O O S T
            N G     J     P C Y
      M O O D F O S S A B E
R A M M A R G N O D N O L
```

ROCK MUSIC
Puzzle # 98

```
    A K A D E S L I E N
  O B L I V I A N S
      Z E M O G A N E L E S
        O C E A N S I Z E       S
N O S N H O J K C A J           T
D O T E         D               E
  N D H R       N               V
    I R G R A C E J O N E S
      A U I O         S         N
        T B R T         O       W
          S C W           R     I
              I Y               L
P A U L W E L L E R R           S
D E A D O R A L I V E A         O
J O S H K E L L E Y       G N
```

ROCK MUSIC
Puzzle # 99

```
                                    I
J                                   N
  I E L D D A S   N                 U
M             R   P U L L E Y T
M   E   Y D   I       S             E
Y     N   V A K       H             R
P A E D A L A M R A M     O         O
A   R   O K   E A     H     O
G S T R   G S   H G   S             Z
E   E   U   F E   R E
    S L   M   O L   E P
    L   Y   E   B I   P L
    A       K   N   M M   U A
      W I S H B O N E A S H S N
        K I N G C H A R L E S
```

ROCK MUSIC
Puzzle # 100

```
    X           D
      U           T I G E R R A G
E J   N O F           V
  V O   A I L             I         L
  E I S   G S E R         N         U
    R F H   E E   E         Y       L
L   O S U   N I   G         L U
  L   M D A A A S   G               S
    I   O L R N L X   I             A
      S   N O A T K U       R       N
E O J Y E H O H F D H R O           T
N E C K D E E P T N I R A I O
          D   A I E N A M S         S
            U   C A B   X
  K N I P D I J I R F
```

ROCK MUSIC
Puzzle # 101

			D	A	V	E	M	E	L	I	L	L	O
E	N	A	L	E	R	T	C	E	L	E			
			I			H	A	P	P	Y	S	A	D
	A		M	T	E	I	N	N	O	B			A
	N		U		E	C		C					R
	D		R	E	K			O					K
	R		D	V	C			L	V	J			S
	O		E		O			O	I	E			T
	M		R		R	M		U	B	F			A
	E		D		E		E	R	R	F			R
	D		O		A			H	A	B			
	A		L					A	T	E			
	W	I	L	L	H	O	G	E		Z	O	C	
			S					N	E	K	K	O	D
		L	I	O	T	H	G	I	N	D	I	M	

ROCK MUSIC
Puzzle # 102

C	E		O	T	R	I	P	L	E	S	T	O	P
	H		S		N								
	R		D	U		A							
	I			Y	O		T						
T	S			O	H	N	E	V	A	E	H		
	T			B	N		A		N				
I	A		N	L	E	I		G		O			
E	R		T	A		I	F	O			M		
	X		R	C	L		D	F	N				
U	A		E	K	E	L		D	I		I		
N			T		P	I		E	R			R	
I			U	L		S	G			G			
S			S		I		E	N					
O			K			F		R	A				
N	R	Y	A	N	A	D	A	M	S		I		

ROCK MUSIC
Puzzle # 103

					D	R	I	B	E	U	L	B	
B	R	E	K	L	A	W	T	T	O	C	S	A	
L	T	B	O	T		E						N	
O		S	A	T	N			E				D	
N			U	R		A		R	O	T	O	T	
D	W			L	R		L		A		N		
E		A	O		D	Y	O	P			V	P	
R			R	S	N	I	A	R	T	E	K	I	I
E			I	F			O	D	A	R		G	H
D			A		A			R	A	P	E	G	S
H			N		R			D	M	P	B		
E			T			E			N	S	A	O	
A			H	P	A	R	G	O	T	U	A	O	H
D		C	I	R	T	E	M	M	Y	S	A		N

ROCK MUSIC
Puzzle # 104

		R	S	L	L	E	B	S	L	L	E	H	
			O										
	J			T				C					
	S	O	R	D	W	A	R	V	E	S		L	T
J		D	E	O	G	N	I	R	T	S		I	E
	E	Y	R	S	L			D			S		R
E		F	R	O	A	Y	B		A		A		R
	V		F	T	L	T	A			L	C		Y
		I		B	S	F	R	T		G	O		K
			D		U	I	O	I	S		L		A
				W		C	N	E	A	E		E	T
				O		K	I	S	N	M	M		H
Y	R	E	P	P	I	L	S	L	M	U	I	A	
						S		E		O	N	J	
N	I	A	R	T	Y	R	E	T	S	Y	M	H	

ROCK MUSIC
Puzzle # 105

```
T H U N D E R . . . .
E I . . S . . . . . G
J N R A L L O F M E . U
A . W I . . I L . . . I
R M R N O P . . E E . . T
E R E W R S . . . V . . A
S G O L O B E I . E . . R
M T G L L D N K D . H . . T
C Y N A Y I K O U L E T . O
M S . I J A M A S D A L . W
U E . . A K T E E K E V O N
R G . . S C K V R C H I H
T A . . . E I C E B A T V
R L . . . . H M I T . J
Y L . . . . . T . M S
```

ROCK MUSIC
Puzzle # 106

```
. S . . K
. K L . K N . P A N A M A
. B C L . C A
. A . A E . E T
. C . S J W . N S
. H . K Y S M E A
S M . G I R T E L B
H D A . N D R N J T O
E N E K O C A S E E . T O
L U . F . T R . O H
L I F E H O U S E D . R . B
A . B . E . U
C . U O . R . C
. C . B
. K T H E M O T E L S
```

ROCK MUSIC
Puzzle # 107

```
. . . Y N O M R A H . T
. . . M A J E H T . H
R E G N A R T H G I N . E
Y D O B D I L O S . S
R E K C O C E O J . L . C
. E L T Y L N O S A J . O
O Y E C O M O V A . S . R
. E D A F S S O R C . H P
. K N O R N A V E V A D I
. . W O T R E D N U O
S T E K C I R C E H T . N
. . F R A M P T O N S
. . G R A V E N H U R S T
M A R K R O N S O N
```

ROCK MUSIC
Puzzle # 108

```
. . G . O B O N S C O T T
. . . I . N
. . . W . H A
L E D N E R G A . I
. . E N I C O T
. K . B V M B . N
. . C . R O . A
L L E W S A L L L I B S
. . B . N T
E X T R E M O D U R O
. . L O V E B A T T E R Y
. . E N I L C Y S T A P
. . N Y T R A M N H O J
S E N U T P E N E H T . N
S R E L G N A R T S E H T
```

ROCK MUSIC
Puzzle # 109

		A	L	P	I	N	E	T	I	R	S	O	M
			F										
S	A	T	O	M	I	C	R	O	O	S	T	E	R	C
	W			S		M	M	A	R	G	U	O	L
T	E		H										O
H		L		I	N	A	I	R	T	A	S	U
E		L							W	D
B	D	R	I	B	W	E	R	D	N	A		I	N
L	E	V	O	L	Y	E	N	T	R	U	O	C	T	O
O										C	T
O		S	E	R	J	T	A	N	K	I	A	N	H	H
D										F	I
A			F	E	F	E	D	O	B	S	O	N
R		T	L	A	S	A	C	U	R	E	V	O	G
M		S	U	M	M	E	R	F	E	S	T	S

ROCK MUSIC
Puzzle # 110

	R	J	R	U	A	S	O	N	I	D		
N	O	I	T	R	O	T	S	I	D	A	I	D	E	N
T		E		G			T		L
H			C	I			T	C
E			C	O	N	O	R	O	B	E	R	S	T
W			K		O	A				S	K
A			L	V	V			T		C
L				A		Y				I
L			N	W			O				P
T	R	U	T	H	N			F
		O	L	L	E	D	R	O	B	L	O	G	O	G
		M	E	L	A	N	D	K	I	M
	N	O	I	L	A	S	A	Y	A	D	E	N	O
	R	E	G	N	I	R	R	E	D	K	C	I	R
F	L	E	E	T	W	O	O	D	M	A	C

ROCK MUSIC
Puzzle # 111

		H	R	O	S	E	B	U	D	H	
	F		C						O
	A		N					L
P	R	E	G	N	I	F	D	A	B	L
A	A	T	S	N		F			Y
O	Q	C	H	E	A	P	T	R	I	C	K	S
G	L	U		N	E	N	M			O		I
O	E			A	C	O	U			N	X
N	T			M	O	T	H		L	S
U		T			R	A	F		A		T
T		H			A	S	E	N		R
I		K	R	A	E	H	T	T	T	D		I
N		C	O	R	G	A	N	I	E			N
I				D				U	R	G
S	N	I	G	G	I	H	Y	S	S	I	M	G	S

ROCK MUSIC
Puzzle # 112

	I	S	A				F	L	O	W	T
E		R	E	R	N		M				E
R		O	R	O	O		E			R
N	E	T		N	U	M	S		N		R
T	O	T	S	Y	A	T	I	L		O		Y	S
H	R	N	A	E	S	N	N	T	I		M	R	W
E		E	N	L	H	S	D	E	L	W		E	A
O		V	K	E	O	C	E	W	V	A		I	N
N		E		A	L	C	R	B	I	E	B	D	L	A
L		R		E	N	O	O	Y	N	H		A
Y		M		P	A	H	L	S	E	T	K
O		I		S	I	C	L	S		E
N		N			L	T	E	E
E		D			U	O	B	R
S	W	O	D	A	H	S	E	H	T		J	H		D

ROCK MUSIC
Puzzle # 113

```
      N O S Y R B O B A E P
R U I N S S T E R E O L A B
Y   P   W       S L
A   E   O         U P   C
R     E   R         B I I
D E       L   B       U C
B D         S   N     C S
I   S         R   Y   O N I
R     P         O   L N   I D
D       A         F   E
S H A M M E R O N E R Y C
            O P N K O     O
              W       U M   J
  R O A D R U N N E R T L R
Y E L K C U B M I T S H       A
```

ROCK MUSIC
Puzzle # 114

```
    B E T T E N C O U R T
            F
W I N G S       L
    D N A M G R E B T I R A M
N     E S S O H S S O B E H T
I     N A W S Y L L I B
C   T   E D             L
K   H       W M   L E B E R
E   E       O E               E
L   G           A           K
B M U R D E R B Y D E A T H
A   N       L E N E L O V I C H
C               W
K C A R R A C L U A P
  R E A L L Y G O T M E
```

ROCK MUSIC
Puzzle # 115

```
  T   N L S               T
E   E A   I Y E           O
  S   R C   A D M         R
    O   U P X T I A         I
S   R   T E W N A R         A
Y       Y   L H H U L F     M
M       R   C R U   O O U E   O
A     O   U E C R S M N H S
R       V D L S S E N G C T
I N N E R C I T Y I U W E I H
P   O       P V     M S O X B
    S       E   R     T E R T
    W   L       U     A J T
      A L         S         E
      L                     H
```

ROCK MUSIC
Puzzle # 116

```
      N O S I R R A H
B T H E S U R F A R I S T
  U           B       N H H
S R A M A N D O D I A O E     A
U   A L     I B     N W X     L
N     C R   C B     C E C     I
C       O U A Y A     Y   E   C
I       O N V   N     R   E
T       S N I H S E H T   C
Y       E N R         Z S   O
G       D T   A           O
I       H O     F         P
R       E N               E
L       N A E L C M N O D R
S U B W A Y T O S A L L Y
```

ROCK MUSIC
Puzzle # 117

```
    T S N I A G A E S I R
S E R U T A E F E H T
  Y
  N A I B A S A K
S A N D M A N
R A R E E A R T H
    R E L I E N T K         A
            W               V
S   S Y E K N O M C I T C R A
  L       M A C H I N E G U N
    E   O R Y N A R U A L   T
      S     K I D A B E L H A
          S T H E M A T C H E S
          P E T R U C C I     I
          H E A V Y M E T A L A
```

ROCK MUSIC
Puzzle # 118

```
B       S L A M I N A
  L S       A
N C U L       N I A R T W O L S
J R H E L       N E X I V
K E U I S I       O
  C N B C B K M F D M G M T
  E N K K R Y       E
    B Y C E O T K     H
      N L O N T I R     T
        I E C F H V A
        B W E O E A
        O I C O R R
S T Y L E       R S U T S G
T Y L E R H I L T O N R
    E N I H C O D N I B
```

ROCK MUSIC
Puzzle # 119

```
    T A Y L O R S W I F T
L L A W N O T S G N I K     T
S     N T H E R A S C A L S H
  E   T W                   E
T A E H T O H T O H         P
    S T   E R E L           E
    H H H B F B L I T Z     R
  M   C E E L F R P A       I
  R     S T R A U U   R     S
  B       A O   G B H   S   H
  U         T N   G Y T     E
  N           S   A M R     R
  G             U   R M A S
  L             M     D I
  E   L E Z A H R E T S I S J
```

ROCK MUSIC
Puzzle # 120

```
R   K   N R
C A G F     I E Y M E N E E H T
    R T N E L A T Y L L I B     A
    A S I S   L U               L
      F B T O   E E   T         K
      O U U J   D D A           I
Y         N D M       X         N
  E Y N O G A F O E F I L       G
  O D E L L I O T M I N O R H
    C I           J             E
      T P I N K G U I T A R A   A
      A S                       D
      R E V I R D E V R E W S
        E
```

ROCK MUSIC
Puzzle # 121

				J							
Y				O							
	R			H			P				
S		R		N		P	H		S		
	E		A	F	G	D		I	E		
	N		H	O	O		L		D	V	
J	O	R	N	H	E	M	O			E	
A	L	I	M	A	C	A	T	S	C	N	U
	C		N	A	B		R	U	H	D	S
		T		F	N	E	O	S		U	
			I		A	A	V	B		S	
			O		D	A		E		T	
				N		E	D		D		
				S	O	U	L	T	O	S	O	U	L
T	I	A	B	R	E	D	I	P	S		

ROCK MUSIC
Puzzle # 122

S		T		S										
K	T	N	T		T									D
I	I	I	O	E	C	N	E	S	S	E	R	U	P	I
L	N	A	S	R	E		U							M
L	L	S	G	W	T	E		D		T				E
E	E	A		C	M	A	V		N		A			B
T	D	N		R	O	W	E		E		E			A
I	Z	T			I	T	K	Y		C		H		G
T	E	A			M	W	C	T		S		W		W
A	P	N			S	O	I	T		E				
P	A				O	R	R	E		D				
V	E	R	Y	R	U	C	R	E	M	N	D	T	B	
	L		A	N	N	A	C	A	L	V	I	A		
	I		R	E	T	R	A	C	K	C	I	N	K	P
	N													S

ROCK MUSIC
Puzzle # 123

			R	J	O	H	N	W	A	I	T	E	J
E		Y	G	O			N	M	U	T	U	A	A
	N		R	N	N	O	D	O	T	S	A	M	S
		R		R	U	Y							O
			U		E	O	A						N
				O		H	Y	G					I
				B			C	L	A				S
				S		K	I	I				B
E			N	O	T	S	O	B	C	E	R		E
O	R	G	O	N	E		S	Y		U	N	O	L
	U							A	L		B		L
		L					R	L				G
	S	W	I	R	L	I	E	S	C	E
J	E	S	S	E	A	N	D	J	O	Y		K
G	E	T	T	O	F	F

ROCK MUSIC
Puzzle # 124

			A		D	O	W	N	L	O	A	D	P
	S				B					E			E
		G			M				L				T
A		H	I	S		I			T				E
R	C		U	H	L		L		O				R
	R	I		R	W	A	B	B	A	N			M
		A	T		R	E	T		U	K	J		U
		M	P		I	H	N		S	O			R
		Y	Y		G	T	E		H	V			P
N	A	M	W	E	N	L	R	A	C	R	N	I	E	H
			N	A		N	I	E		D	Y
			H	C		E	G	H	O
E	L	I	H	C	O	O	D	O	O	V	S	A	T
			J	P			M
	E	N	N	E	I	T	E	T	N	I	A	S

ROCK MUSIC
Puzzle # 125

```
S  M  A  R  C  B  R  O  U  S  S  A  R  D  H
   D  Y  E  D  O  U  B  L  E  N  E  C  K  A
S     N  O  L  G  I  T  T  E  R  N        P
   R  B  I  L  L  I  E  M  Y  E  R  S     P  P
      E     M  E  E                       Y
S        T     E  N  B                    M
   E        H  K  L  Y  W                 O
      N        G  N  P  A  E              N
         O        I  I  M  P  R           D
            J        F  P  I  A  D        A
         T  A  L  F     O  O  S  D  N      Y
               U     C  O  T        E  A  S
         S  I  V  A  R  T  F  P        R
                  P     T     E     F
      S  L  L  I  R  H  T  E  H  T  P
```

ROCK MUSIC
Puzzle # 126

```
   R  D     L  R           S  R  E  D  I  R
      E        U  A                       A
   A  K  K  F  A  T                       N
   T  O  C  I  U  P  A                    D
   H  A  H  U  E  N  Y  B                 Y
P  S     E  C  R  H  K  L  L              N
O  T     S  R  Y  S  S  A  L  A           E
L  A     U  R  O  S  U  N  D  I  N        W
Y  R     D     A  S  P  I  A  E  B  C  M
S  T  S  A        E  M  R  R  C  L        A
I  H  R     K  C  I  L  D  I  O  A  N  I  N
C     T  U  A        E  T  T  D  U  C
S        E  C           H  H  O        D
         P  K                 T     M
         O  S
```

ROCK MUSIC
Puzzle # 127

```
C  H  R  I  S  M  O  N  T  E  Z     G  U  N
   R  U  E  D  A  S  S  A  B  M  A  S
   I  S  N  I  L  L  O  C  Y  S  T  O  O  B
   T     S  E  I  P  P  U  P  K  C  I  S
   N  I  A  B  O  C  T  R  U  K
   G  W  A  R
   D  N  E  G  E  L  S  I  E  H
M           C
C  K  C  O  R  K  O  E  N  O
L        D     V
U  G  N  I  N  E  P  P  A  H  T  A  E  B
S        L     T
K  R  E  W  T  F  A  R  K        S
Y           Y  D  O  B        U
      L  O  S  L  O  B  O  S     G
```

ROCK MUSIC
Puzzle # 128

```
      N  I  N  A  N  E  S  B  I  T  T
         J  S  U  P  E  R  G  R  A  S  S
   B     R  U              I
   L     E  D     P  G  L  O  S  T
L  U        D  Y  S  O     F
   E           R  A  R  C     I
   R  E     Y        E  N  E  A     N
   O     T     A        H  D  P  N     N
   D        S     H        F  M  I  O
   E     G  A  V  I  N  D  E  G  R  A  W  M
B  O  N  N  I  E  R  A  I  T  T     E  R
T  S  E  V  R  A  H        L           N  Y
S  R  A  E  B  Y  D  D  E  T  O
                           C
      R  I  C  H  I  E  H  A  V  E  N  S
```

ROCK MUSIC
Puzzle # 129

```
M O N T Y P Y T H O N
      N     R E
        A     E C
    J       M     G I A         A
    A   A C   D   N D         X
    N       C E H E     A K     I
I H     Y G I S O R M L C S
A A     U   L S P F     S A
N M     A G     L O A N     D L
H M     N   Y     A I L A E A B
U E     O       D     T M O M     M
N R     A         D H A     N
T         P           U   E   G
E Y L F E H T         B     B
R         S E P U L T U R A
```

ROCK MUSIC
Puzzle # 130

```
    N R E I G N I N G S O U N D
        A         S G R E E N W O O D
    J       R S T N A L L A G O W T
    H O D H A     O D             T
        E E O C X     X I         H M
        J L L R O A     A N         E I
        E   L P L C R     L U       V C
        F     O L E E B     K       E K
        F         W A X I A         R H
        L         E S A D           O A
        Y         E K D D           N R
        N             N E I E I V
T H E J E Z A B E L S T V C E
        T H E B R A V E R Y T A Y
    O U R L A D Y P E A C E S D
```

ROCK MUSIC
Puzzle # 131

```
    M R T V O N T H E R A D I O
    E B E     E
    G   I L     D
B A T T L E S I
    D N     L V     S
    E T G     Y A     Y
    T     E       R R     D
    H       L       A T     O
    N O S I G U M     Y S     B F
                  E C E       U
        F R U S A D A N A Y U E
D A E D L U F E T A R G R L
                  P E Z D E L U B
        F R E S H C R E A M E S
        T H E R U N A W A Y S
```

ROCK MUSIC
Puzzle # 132

```
R D O C W A T S O N       G
    E   G E N E C H A N D L E R
        M       D                 A
E       M A L L E R E D N I C Y
P G     T U       U
    P D M H R       O                 T
R   A I A E T V P M               O
U Y   R L Z A S       B           W
N   C   F O A N E K D O T E N
A M   O   D O H I O         B     S
W     A   O   L C S M J         H
A     R   D   O A Y A           E
Y         I   E   G T X L       N
          N   R         I O S   D
          O           R F
```

ROCK MUSIC
Puzzle # 133

```
A   B   E               S
S M   I   I Z           P
  P Y   L   N T R O N W O O D
W   O M A L   A A         K
  H   T A R Y   E B   A G E V
    I   R C M B   M A     N
    N T   U D A R   N N
    E A E   O O N A   E A
    U K M S S F N D G   E U
    R   A O N R   A I G   R G
    O     D W A A   L N     G
    S       A A K L D D H
    I       V L E C R   O
    S J O S H U A J A M E S
                  R       N
```

ROCK MUSIC
Puzzle # 134

```
  T       S
    H       D
A S I G L A D A L L O V E R
T N E V I F T N U O C
H L R I I E L         F
E A O L D R R E R I F N O B
V S G S L D T O     D E E R
I P   U E O A A Z         B
B U     N R P C I A
R T       S O I D R R
A I         Y C A O
T N           C   M L
O A     W E I V E H T G
R T A I L P I E C E
S S A M O H T S U F U R
```

ROCK MUSIC
Puzzle # 135

```
  S I V A R T Y D N A R
    Y   S O L L I Z E R E H T
C H R O N I C F U T U R E   R
      B W E T W E T W E T O
M W A R R E N H A Y N E S O U
S U   E N A I D A L E L A N B
  A L E L E C T R O N I C E L
  V Y     M   S             E
    I S       A   A
      N A       G   E
        G L       N   B
        A U       E
          D O P I T T Y
          E S
L A R R Y W I L L I A M S
```

ROCK MUSIC
Puzzle # 136

```
        O E R E T S A D O S V
  S E K A H S A M A B A L A O
                        M X
N       S E O R E H       B T
E K N A B T F E L E H T   R R
C   E E L N I V L A       O O
K J   S A M R O B E R T S W T
  A   U                   N
    M   C
  D I E T O T E N H O S E N
        S   F
Y T N O P C U L N A E J
    A G E V E N N A Z U S
M O T S U C   O W T G N O S
```

ROCK MUSIC
Puzzle # 137

ROCK MUSIC
Puzzle # 138

```
T E L E V I S I O N     T S
T A   P               M H I
H   Q E I E           R E S
E   S U P T I         J B T
W   R A O C D         O L E
A   T E L C H N       N A R
R O   T U N S O       E C S
O N     A N A H L S K L
N I   T     W G I I B O E
D C   A     R R L F U D
R P A R A M O R E Y U T G
U         O     G P J E
G         B       O H     R
S     D E E R T I C K R O
S E G A E H T K S A C       N
```

ROCK MUSIC
Puzzle # 139

ROCK MUSIC
Puzzle # 140

```
  N I A R D N A E R I F
    J E F F T W E E D Y
        S U O I C I V D I S
      D R A H C I R F F I L C
  R U O F N A T S   M
  U B U E R E P   M O       P
        N U M B E R O N E A
      S             N K     N
      X E           D   I T
      O V           U     E
      N I B O R K C O C   R
W             W D         A
K I R S T Y M A C C O L L
  Z               J
  O             R E M L A P
```

ROCK MUSIC
Puzzle # 141

		K	A	E	R	F	E	L					F
E	D	N	A	L	H	S	A	G	N	I	K	A	W	R
	E				L			M					R	
	S	R	E	N	N	A	C	S		A		D	E	
	E	N	H		D			G		O		D	D	
		M	A	T		E		C	A		N	Y	
	E		I	M	Y			R	Z		J	K	
		E		L	R	T		O	I		O	I	
		L		Y	O	R		C	N		H	N	
R		G	Y		W	N	I	O	E		N	G	
	E			I	M		E	S	D		S	
D	R	I	B	Y	B	A	B	L	I		O	
		Z			R			L	R		N	
T	H	G	U	O		M		E	S	H		
			H				S			C	

ROCK MUSIC
Puzzle # 142

L	A	T	E	M	K	C	A	L	B	N			
			A		E					I			
	N	O	S	N	E	H	N	O	T	A	E	K	
T				S		T						S
H					G							A
E	J	U	D	A	S	P	R	I	E	S	T		R
C	L	U	V		R			B					A
A	O		M	A		E			T				H
S	S		C	B	L		F			A		H
T	B			R	O	E		I			E	A
A	R			O		N		C				R
W	A			W		C		E			M	G
A	V		B	A	L	E	B		I		U	E
Y	O		I	M	E	L	D	A	M	A	Y	L	R
S	S		Y	N	N	E	L	R				G

ROCK MUSIC
Puzzle # 143

		M			H	T	I	M	S	I	T	T	A	P
M	O	D	E	L			D						
T			R			R						K
H	H		G	C		D						R
E		E		N	E	T	O	O	L	K	M	A	I
C		V		I	D	G					F
O		R	O		L	E	I				T
N		E	F	G		L	S	P			K
N			Y	L	U	Z	C	A	S	A	L	L
E			A	Y	E		C	O			U
L			M	P	S			E	S	B
L	N	O	S	R	E	D	N	A	N	A	I	H	A
S				H	N					T
			O	A	
			J	M	

ROCK MUSIC
Puzzle # 144

A	C	A	R	A	K	M	E	C					
T	L	O	L	Y	A	W	H	G	I	H			
	R		A	N	L	A						
L	H	A		K	A	E	W	L				M
	I	T	W		A	L	C	R	O			E
S	E	A	I	E	W		I	T	I	V		N
T	T	N	M	M	T	O		M	F	A	E	S
E	H	A	L	S	S	L		E	O	T	R	N
V		E	J	I	T	I	F		L	S	S	E
E		C	G	A	T	I			L		E
J		R	N	N	O	M				E	D
O		A	I	S	I	A				S
N		M	V		L	
E		P	A		L	
S	O	U	N	D	H	O	L	E	S	S		E

ROCK MUSIC
Puzzle # 145

```
N T . . A D N A G A P O R P
D D O S . . . . . . . . . .
. E . D E . . T O M P E T T Y
. F A . R H . . . . . J T R
. L C . O I . . . D . O A U
. E I . O . G R . . E . S L M
. P A A . N . Y A . P . E B O
. P U L T . B . A . E . P A U
. A . G E Y E L . J C . H C R
. R . G X N T U . . H . A H S
. D . . Y C O O E E . . R M
. . . . . L P Y M . . T A
. Y B B U H C A P O P H N
. . . . . . . . R D C U
R E I N C I D E N T E S R
```

ROCK MUSIC
Puzzle # 146

```
S I M P L E M A N . T
. D . L . H . . . . H
B D D A V E M A T T H E W S
. I L O E . N . M . V . O
N L R N H Z F . I . A . N
T E L O N O A U . L . C . I
H . E Y W Y I P T . C . C
E . R J T O D P . I . Y
P R . G O A S A A N . O
O A . M E E M R E . U
L T . A L Y O S . T
I A . D . M N . H
H C T I W L E G N A . M D
S A . . . . . . . . I
R E T F A S R A E Y N E T J
```

ROCK MUSIC
Puzzle # 147

```
B B . . . K . . . R
. R R A T H O R N L E Y O
. N A O . G R . . D B
O . O C K . U . . I E
Z . . T I E A F . A R
Z . . R N N . A . R T
Y . . O U G R L . Y P
O . . M . B . E . O A
S . . C L I N I C . F L
B . . . N . . O D M
O N I L B O G E G N A R O E
U . M U R T C E L P . E D R
R I V E R S C U O M O A . S
N . S E B U T E H T M
E . . I S S O R O C S A V
```

ROCK MUSIC
Puzzle # 148

```
. B S . E L T T I L O O D
R F A T N E . . . D . T
. E R R E A L . . . A H
J D L A R P V A . . E
N A L F N Y P A D . M L . V
J I M E P K W U R K . U . I
K O B I I O T H P A C S . N
C H A E F N U I T C I N Y C
. O N R T K K R T A C D . E
. R N R . C K N E E . N
. F Y O . A R E . M E
. R N V . L A R . I
. O A E . B M . L
. . T S R
. . H T
```

ROCK MUSIC
Puzzle # 149

```
  R E C K L E S S K E L L Y
J A W B R E A K E R     T O
R           C   B     H P H
  E         O   I     E E O
    T       M   F     B N M
G J   A     M   F     L T E
  N O   W   O   Y     A U W
    I E   F   D   C   C N O
      T J   O   O   L   K I R
        S A   S R   Y   K N K
    E A R C C M E G R O E G
            K S I O P Y
Y A R E I V E T S   D M S
  S R E K N U B S O L O
B L A C K S T R A T N   B
```

ROCK MUSIC
Puzzle # 150

```
    Y E R G R A L Y K S
R O Y A L H U N T H R I C E
  J     D
  O   D   R   A
  E   A   I V               B
Y W N N S N   A             L
A I   A U H T N             A
L R   H L K A   B       I   C
S   O P C P R R   E       D K
H W   K I A E A T   L   L   C
    I   N C M L T M     E E R
      T   I K T P   A   W O
        C   K U F M   N I W
          H   R P O I   L E
    T H E M O N K E E S S D S
```

ROCK MUSIC
Puzzle # 151

```
E O J D I K Y L G U     C
M R E G N A D Y E V R A H
O   S U R O H C     E     C
R   S K N I K E H T   S   O
P   T               N     L
H     N W E R D N I V E K D
I A   E       L       Y   W
N R   L M     O       H   A
E B L U E O C T O B E R A   R
    T   U   R O     W     K
      A   R A     K     I
        D S A   P   E     D
          H W   A S     S
          S I R A L O P
    S L I P K N O T M S
```

ROCK MUSIC
Puzzle # 152

```
      L A T E R A L U S   M
B                       A E
S R E T H G U A D       L G
A B I K S T T A M   M   B A
  M O T O L A F F U B E   E D
      I I A V E V E T S R E
E V A C A S S I D Y     T A
          H         H T
    R A Y D A V I E S   A H
G I A N N A N A N N I N I M
Y E L L O W C A R D     M
        A P P E T I T E O N
T H E E A G L E S   A   N
                    D
E K U D E G R O E G
```

ROCK MUSIC
Puzzle # 153

B		T									M			
	E	Y	M	R	A	L	E	D	O	M	W	E	N	T
	T	S			M						T		A	
S	T	T	C			E					H		N	
A	S		T	Y	I			I			E		I	
N	T	A		E	D	N			M		N		T	
C	E		B		R	A	A			P		Y	A	
T	V			A		R	V	P			A		T	
U	E	N			L		A	I	E			L		I
S	P	D				L		J	S	H			A	K
R	E	K	I	R	T	S	E		G	G	T			A
E	R		S	O	K	O	T	O			O			R
A	R			Y				N			D			A
L	Y				A			G	O					M
					B				F					

ROCK MUSIC
Puzzle # 154

P	E	T	E	R	M	A	F	F	A	Y	B			
Y										I			R	
		T	S							L		O	L	
N	N	R	N	I	L	E	P	P	E	Z	L		G	E
S	O	O	E	O		T				C			E	R
T		S	T	G	M		E			A			R	O
E			M	N	O	M		M	G		L		D	Y
T				A	E	F	I		L	O	L		A	
S				S	B	N	T		E	A	L		L	
A				K	K	H	Y		H	T	T			
S				N	O	O	D	A		R				
O				H	O	J	N		E					
N				O	R		A	Y						
I				J	B									
C		D	A	R	W	I	N	D	E	E	Z			

ROCK MUSIC
Puzzle # 155

			R	E	D	R	O	W	E	N		
				D	A	N	C	E	O	N		
S	R	E	V	I	R	Y	N	N	H	O	J	
	S	E	I	L	L	O	H	E	H	T		
G												
U	Y	O	B	N	W	A	R	D	Y	L	D	A	B
T	M		J		M							
T	H	A	T	U	A	N	O	R	T	S	A	D	A	B
E		S	K	H	W	N	O	N	E			
R	C		U	E	G	E	I	O	E	S		
M		A		B	M	I	H	S	M	Y	O	
O			R		E	O	R	P	I	D	M	L
U			B		T	D		E	A	A	A	C
T				M		A	E		N	N	E	R
H					E		K	L			D	K

ROCK MUSIC
Puzzle # 156

	S	D	N	U	M	D	E	E	V	A	D			
					H	I								
					S	C								
G	R	E	G	L	A	K	E	A	N					
Y	O	B	R	O	O	P			N	A				
A	M	P	L	I	F	I	E	R		H	R			
			C	O	L	L			G					
			C	J	D	A	E			I				
			A	O	N	N	P			E				
			S	H	E	E	H				L			
			T	N	U	D	A							
E	B	B	E	W	N	O	M	I	S	N		N		
	S	T	A	T	U	S	Q	U	O	N		T		
T	N	E	M	O	M	S	I	H	T	N	I			
	A	L	L	A	D	O	I	C	U	L				

ROCK MUSIC
Puzzle # 157

ROCK MUSIC
Puzzle # 158

ROCK MUSIC
Puzzle # 159

ROCK MUSIC
Puzzle # 160

ROCK MUSIC
Puzzle # 161

S	D	N	A	B	O	T	N	I	P	S	E	H	T
N	R	O	L	I	A	S	T	I	L	N	O	O	M
T	A	O		R	C	S	S	E	L	E	V	O	L
D	H		I	H		A	A						
E	C	G		F	C	C	M	I					
A	U		I		F	T		A	S				
D	T		S	L	U		Y	L	O				
F	T		E	I	S	R		R	A	R			
I	I			M	W	R	N		U	H	B		
S	N				A	T	E	R		C	S	M	
H	G				J	L	G	O		R		A	
	C				K	I	E	B		E			
	R					C	V	I			M		
	E						I	I	R				
	W	L	O	N	E	L	Y	B	O	Y	R	C	K

ROCK MUSIC
Puzzle # 162

					G	R	A	P	H	I	T	E	
	R	I	C	H	A	R	D	H	A	W	L	E	Y
	E					U							
C	A	N			R	X	E	R	T				
	I				A			E		P			
		V	J	O	H	N	D	E	N	V	E	R	
E	R			E		D		A		E			
	K	E		L		L	U		I		P		
	W	A		T		M	R		S		I		
	A	D	R	S		A		S		N			
	H	I		U	N	D		A		G			
	Y	N		A		A	N		T				
	D	G		F		C		O					
P	U	R	P	L	E	R	A	I	N		E		M
O	D	A	T	R	U	F	Y	L	L	E	N		

ROCK MUSIC
Puzzle # 163

	E	R	A	S	E	E	R	R	A	T	A	
		B	W	I	L	L	D	A	I	L	E	Y
	W		E	R	I	C	C	A	R	M	E	N
	I	N	E	M	K	L	A	W	E	H	T	
S	T	S	A	E	B	D	L	I	W			
	C		P			E	Y	F	F	U	D	
	H		I	G	P		M	C				
	C		P		A			M	O			
	R		H	U	L			O	B			
	A		O	L		F		S	H	H		
	F		N	B		K		U		A		
	T		E	A			C		M		M	
			N	D	J	S	H	A	D	O	W	
	B	L	A	C	K	O	U	T		L		
			S						B			

ROCK MUSIC
Puzzle # 164

R	E	P	P	O	B	G	I	B	E	H	T		
D	E	N	N	I	S	W	I	L	S	O	N		
E	H	T	A	E	R	B	O	T	D	E	E	N	
J	A	P	A	N	C	A	R	P	E	N	T	E	R	S
E			W										
	S	T	H	E	A	L	B	U	M	L	E	A	F
S	B	U	S	K	U	G		Y	T	R	E	G	O	F
		E			D								
	L	M			E								
	O	S	Y	A	T	N	A	H	C	E	H	T	
K	C	A	L	B	L								
	A				I	N							
	L				N	E							
	H			N	U	G	E	N	T				
M	Y	D	A	R	K	E	S	T	D	A	Y	S	

ROCK MUSIC
Puzzle # 165

```
F A T S D O M I N O . . .
R R I . E U . . R . . . .
A . O A . T O . M E T Z F
N K . G U . A L . . H . R
K . A . E Q . O C . . C A
B . N . T Y R O . D . . N
L . R I E R M R . N . . K
A . . E R H T C I . A . W
C . . E A A N G M . . L I
K . . . H D V U U A . L .
. . . . . C Y N O I J S A
. . . . . E B E C N O . H
. . . . . . U B V G N . .
. . . . . . . L O I I . .
. . . . . . . B B K B . .
```

ROCK MUSIC
Puzzle # 166

```
. A N W O R B S I N N E D
V . . L M A . . . . . . .
I . . . I . L . . . . S .
O . . . G E . F . . . A .
L . S . U . N . . . G X .
E . . L E N N A X O R O O
N P A U L Y O U N G . D N
T . . M . I . A . T . S S
F . . . A . P . I . F M H
E . D . T G . S . S A . O
M . E . E R I F E D A C R A
M . U . O . . R . U . K E M
E . C . S . . . . . L . . .
S R E Z T E S N A I R B .
. M A L L O R Y K N O X .
```

ROCK MUSIC
Puzzle # 167

```
. . . X . . . . . . . .
F N . O C O R B N O D .
R A A . . M F R A G I L E
A N D S E Y E Y M N R U B
N C E . . . X . . . . .
K Y L . . . B F . . . .
E W I . . . E . O . . .
N I T F . . E . . N . .
S L A . A . G . S W A N S
T S S . . C P E P P E R L
R O W . . E E . . . . C
A N A J O H N S S O N .
T . Y . E D H A R C O U R T
O H C N I U G L E . . .
. E L O C A L U A P . .
```

ROCK MUSIC
Puzzle # 168

```
. . . E R U E G D I M . . T
T . R E M M A J N E Z T A K H
H B L A C K L I P S . . . E
E I . G N I W Y T H G I M M
S E L G G U B . . R . . . A
E . . S N . T . O . . . . R
A . . . T O . S Y . . . . S
R . . I . A S . E . . . . V
C . . . V . R E R F . . . O
H . . . E . . F . A . . . L
E Y D R I B E L T T I L N T
R . . . . P . . . L . A A .
S . . . . . U . . . . . . M
E R U T P A R E H T P . . .
. R A D I O F U T U R A . .
```

ROCK MUSIC
Puzzle # 169

```
S . . B M E T A L L I C A H
D E A D K E N N E D Y S . E
. A L S E T A A . . . . . A
. B P Y R L D C M . . . . T
B L . P M A S R H L . . . H
. A . . A H M H A H U . . E
. E D . . Z A O A H O O . R
. N . S . . K N N N U S . N
. A . . U . . N N U N I S . O
. V . . . N . . A A R O E E V
. O . . . . S . . R L B N R A
. N . . . . . S H C U F A N A D
. Y A W A H T A H Y N N O D
. J U N I O R M U R V I N
. . . . S I W E L A N N O D
```

ROCK MUSIC
Puzzle # 170

```
. D L E I F M O O L B
. . . . T H E B Y R D S
H H S I M L E H C S
O R . N . . . O
W O B N I A R . M
L X . . . W . . N A M Y A L C
I E . . . T . . . N
N T . . C H U C K B E R R Y
G T D E I N E L A K A I E N
B E J O S H P Y K E
E . . . Z T R E W T T A M
L O G N E T A L O Y . C
L . . . . D E E R H O O F
S . . . . . D U C K
```

ROCK MUSIC
Puzzle # 171

```
. . . T R A W E T S L A
. M S H A W N M U L L I N S G
. M E C A E P R O F S M O T A
. . A A . E . . . . . . V
E J . T T . . L . . . . I
T L A B I L L Y S Q U I E R N
I . O C . S O . . O . Z A R
N . C O . Y A . M W G . . O
M . . I B . A F . A U . . S
A . N M . H . . N L . . S
C . . I I . U . . L D . A
H . . M L . . . S A . L
I R U B I K . E L . . L
N . I R E M U N R E P U S E
E . S U M S A R E H T
```

ROCK MUSIC
Puzzle # 172

```
. R O R Y G A L L A G H E R
O N . S E P Y R T S E H T
K C I G A M K C A L B . O
K . Y A . P . . . . M
E . R L . O . C . V
R . C C P . . U . E
V A L D O N O V A T . K
I M . . L S . A
L Y . V . T W
R E E L S U . A
I T H . . Y
V U H O R S E S
E D
R A S I L E N T F I L M
F R O S T Y E R F N N E L G
```

ROCK MUSIC
Puzzle # 173

```
    T H E D I R T B O M B S T
            A Y               H
        E       G E           E
  D S   R R       D N       V S
  U K   I       A O     W I E
      M R V C         D O A B A
      O   A   B         R R A
  E   G   L P I         A N
    D W   S   S   B       T D
      A   O       B B     E C
  P   I J N   E Z E E U Q S A
    U     S       Y     R   K
        L           T   N   E
          P           O
                      G
```

ROCK MUSIC
Puzzle # 174

```
      S E D A C S A C E H T
      T T E L B I N T U O C S
          P B           A       W
      N P   P I         M       A
      L E O N A R D C O H E N L
          V R   T           D I
  E       E T   S           A A
  L E E D S   L O   T       J M
      L       S S E B   T   A L
        A   U U   R R   O   C Y
    A       D U S     E I   C K N
      L       N I     G E   S C
        L   S E         N N O H
          A   Q R           I N
          P O C O   B           F
```

ROCK MUSIC
Puzzle # 175

```
            N A L Y D B O K A J
    M O D E S T M O U S E
    L S C   G   A
    O M R H D A   A           R
  Y N A   O U   L S T R A T   O
    D C     T M   L B S     F B
    O D     C I B   O   E   I B
    N E A   H   D A W W   D G I
    C M   D U     E W   S   H E
    A A     N       O A     T N
    L R   S C A     W   M   S E
    L C     L   R   W     B T V
    I O     E A   G O     A I
    N       S   O   W     R L
    G             F
```

ROCK MUSIC
Puzzle # 176

```
        M   K H                   G
  O         I M A A N A M         L
    N       L L S T R U M         A
      E       E   H               S
  S T O N O D S Y   M             T
  P       A   T G C   I       R   O
  U       I O   I Y   R       O   N
  R S       R     P R         Y   B
  P E A     M B L   G U       A   U
  L   L B   B   O       N S L     R
  E     E B   R V         O B     Y
  H     E A   E               L
  A       T T L A D E P O     O
  Z       S H   D             D
  E
```

ROCK MUSIC
Puzzle # 177

N	U	R	T	H	G	I	L	Y	A	R	T	S		
D	I	O	N	A	R	A	P	C						
I	N	D	I	G	O	G	I	R	L	S				
T						O	T	M	A	E	T	S		
H					W	R			R					
E	D	A	R	A	P	Y	A	D	Y	A	M	I		
G		D				E					C			
O	M	I	E	N		D					C			
O		I	A	R		O		H			H			
D		S	N	S		F	O				U			
L		I	B	I	A	U	P	A	I	R	S			
I			R	R	L	S	N		C					
F			L	O	E				H					
E				O	W	K								
O	T	I	S	R	U	S	H	U	N					

ROCK MUSIC
Puzzle # 178

	C		C	R	M	A	D	R	E	T	S	M	A	Q
	K	N	S	I	A	H							U
Y		C	I	O	R	G	U					I
	A	E	I	S	D	C	A	M			E
T		D	H	W	R	A	A	H	B			T
O		M	W	C	R	A	G	S	Y	L		D
M			A	E	R	A	T	L	U	M	E	R
M	U			X	N	E	W	S	E	R	M	P	I
Y	T	L		P	K	L	E	E	D	V	A	I	V
	R	U			E	R	E	N	P	E	I	S	E
		U	D		Z	A	R	N	O	H	V
		S	N			Z	D	D	O	D	T	E
		F	A	T	E	S	W	A	R	N	I	N	G
			P			L		O	D
R	O	G	E	R	T	A	Y	L	O	R	I		S

ROCK MUSIC
Puzzle # 179

			J		R	E	Z	I	L	A	U	Q	E
B		R		D			E						
A		O			E	M		G	O	B	L	I	N
N		C		S	E	C		D					
D	O	K	F		T		K	P	F	E	I	S	T
A	J	I	R	R		O		C	H		R		
D	Z	I	T	A	E		M		M	E			F
O	E	T	M	A	L	E		E		A	R		
M	R	H		M	N	C	E		L		I	S	
A	O	U			Y	L	E	N		L		R	O
R	F	R			R	O	N	E		I		A	N
	R	S				E	W	E	R		U		M
	E	D				E	A	G	G		G		
	T	A				D			Y				
	Y				H	O	L	L	O	W			

ROCK MUSIC
Puzzle # 180

R		E	T	S	E		S						
E	O	N	N	E	P	C		Y					
	C	J	O	O	U	O	I		A				
	I	L	S	M	Q	T	L		V				
	A	I	N	A	N	X	O		V			
P	K	P	V	H	R	A	O	P		L			
E		V	N	A	O	Y	B	B	E		A		
T		E	A	K	J	E		E	H				
L	E	Z	A	H	L	I	S	Z	O		H	T	
Y	S	P	A	C	E		I	X	J		T		
O			R	D	R	E	D	G					
R		H	A	C	K	E	T	T	F	L			
N	G	R	E	G	O	R	S	A	M	S	A		
	M	O	N	K	E	Y							

ROCK MUSIC
Puzzle # 181

```
E L L I V E D K N I M
R J I M M O R R I S O N
L E V E L L E R S
G D   N I L S L O F G R E N
  L L     O L E E K S
    E   E           N
S K I N D R E D     A
      N U R N O O M F L A H
        B X O F Y N T I R B
        R Y A W A S Y A D
        A         R     C
  S E H G U H N N E L G U
              C       L
      S E N O J D R A W O H S
F R A N K I E R O S E
```

ROCK MUSIC
Puzzle # 182

```
              D M
      S   S T A E B T H G I N
        E   T E P I N B A C K
        S   T     H
S           R C       Y
    N N O T L O B L E A H C I M
E C I L O P R H         R
      L     B   F A D O R
Y K N I L S Y       O           U
        O           D           M
      Y T I C D E K A N E
      U S K E S I B O S A
      S W A L T U O E H T R B
S H I R L E Y E L L I S T
      S R E I S O O H E H T
```

ROCK MUSIC
Puzzle # 183

```
      E   S K W A H Y A J E H T
J O C N O R B         L
    O     I M A X I P R I E S T
      H   G         T
        N   M         A
        G P G     A   F
G N I R R A E N E D L O G
          E U R E D E R H S
          E L M L     D
R H I A N N O N J S S
D R O W S E H T R O     O
S P O O N F U L     I N     N
                  V E
          Z L O T S N E S O R
      R O B E R T T E P P E R
```

ROCK MUSIC
Puzzle # 184

```
F D L E I F Y A M
  L     T H E S H E E P D O G S
C F O         M R
  I   W R       A A
  N F     A E       J G
  D   F E E D E R     L U
  L R R A T S O G N I R O
  A E       R           A C
  Y B     E L T E N E L E V E N
  B E S K C O R I O N A H     P
  R L       N O I T O M I N A
  O Y     K E S H A
  W E
  N L
      L T T A Y W T R E B O R
```

ROCK MUSIC
Puzzle # 185

```
W A H S E I D N A S
  Y L S E M O H K C A B O G
    R T R P K C A N K E H T
  M M U O E R E D I T P I R
E A   A D N E A
  T Y B T R E N H
  M R L   T E L O S
  A   A B   H T L I N
  T   C P B   I X I P E
  A   K H A U   R A S E T
  H   T   I N B   E B   H
A C T I V E C O     S     T
        D     A B
        E         G
    L I O C E L B U O D
```

ROCK MUSIC
Puzzle # 186

```
X         U
  I   L O G H
T   R N O I T C E R I D E N O
  T   D       N           O
K E   N           A       V
  C M   E           M Y L O
    I B M   H         U   S
N O T L R A C Y R R A L F B
    U A   H           M R A
    E   N                 I
      T N A R G N H O J A
  N I V L O C N W A H S   N
  S K A O F O D N A R T S O
S T A N L E Y C L A R K E S
    M E L L E N C A M P
```

ROCK MUSIC
Puzzle # 187

```
  T E H C T A H Y L L O M
  R       T I D E S O F M A N
N   A E   J A I L B I R D B
  A E C N E C S E N A V E L
N N G C H U       U       U
  A I R E A D       G       E
A   D A O L E N S     S O   M
  D   R P C E L A I     G V A
    A   O F Y S S M I     I N
      G T J O L T A R T   G E
      U R S E L E G E R R
        R A I S I   E H O
        D P U U B     U M
          A T O O     P
          M   L H
```

ROCK MUSIC
Puzzle # 188

```
P   S T O N E C R A Z Y
U D L E I F G N I R P S
L
L T S E W E I I S E L
T G   J
I R   R O C K W E L L
G E     T H E N A T I O N A L
E G     K N       F
R G       I M     O
T A   K A N S A S G
A L   O     S Y H
I U     R   C R A C K E R
L M   K   S     T L
M A R C A L M O N D   L
  N P Y R O M A N I A
```

ROCK MUSIC
Puzzle # 189

ROCK MUSIC
Puzzle # 190

ROCK MUSIC
Puzzle # 191

ROCK MUSIC
Puzzle # 192

ROCK MUSIC
Puzzle # 193

```
      J Y
      E   K
      F   O C                 B
      F   K   O               O
      E F O       R           B
      R A T                   B
K     S L A   I A N D U R Y
I     O L Y A D O T         V
M   T N U L B S E M A J     E
C     L O                   E
A M I I N A R
R       H O R A C E A N D Y
N T U O R T R E T L A W
E     S Y B A B E H T
S B A T E N R O B S O N A O J
```

ROCK MUSIC
Puzzle # 194

```
      L             C               H
      I Z U C C H E R O             A
      S   S               U         N
O     A J O E P E R R Y S           K
      B G P S E K A N S T O H       W
      E   U F N O                   I
      R C   L R O R                 L
      M E A   A E I T               L
      A D L   N E L S               I
      N   N P   T F L E             A
      O     E   A A I H             M
          F           L R T         S
S P E E D K I N G R A I L A
                  I V A Y I M
S N E V E T S N A J F U S           N
```

ROCK MUSIC
Puzzle # 195

```
            P R O F I L E P
      P A U L S I M O N     A
E V I R D R E B A F         T
        Y E V R A G A E R
S   D A N N Y W I L S O N I
  E     C     N O T L R A C
    V B   D R H O O K       K
      V I H C A O R A P A P W
      A F     G             O
      W N     Y             L
    E M I G R A T E L       F
      T S A F K A E R B
Y E L R A H E V E T S A
                D     H
T H E B E A C H B O Y S   C
```

ROCK MUSIC
Puzzle # 196

```
          J
    D R A T A N E B T A P
        A       G   O
  E P A C S E         U Y       K
          H           A         I
A N T H O N Y G R E E N R       N
  A               I   D E G     G
S T N E C S E L O D A B         S
E G N A M C N A L B   E         O
      T           O   A         F
          S       R   R         L
          U       I             E
            G   S               O
    S L R I G M U D M U D       N
    O D N A D N A V E
```

ROCK MUSIC
Puzzle # 197

	E	G	D	U	F	A	L	L	I	N	A	V	
		M		A					S	U			
		J	E		B				I	C			
T			A	R		R	W			S	E		
M	H	S		C	D	R	A	Y	E	V	A	R	G
	E	E	E		K	O	A	M	L		O	O	
	N	L	E		I	O	T	O	D				
	X	A	I	K		E	G	E	O	E			
	N	T	V	N	N	W	A	D	R				
		O	W	I	A	A	I	T	R	E			
		R	O	N	Y	M	L	L					
			B	R	G	N	L	S	E				
			E	K	E	M	L	O	D				
	T	A	H	P	O	T	H		N	A	A	N	
	S	M	A	S	H	M	O	U	T	H	D	D	

ROCK MUSIC
Puzzle # 198

		H	A	G	G	U	H	S	E	M			
			Y	E	L	H	E	R	F	E	C	A	
	S		C	Y	N	D	I	L	A	U	P	E	R
C	T			B	A	Y	K	S	E	U	L	B	
H	E			R		P							
R	P			A		M							
I	P			N	O	T	R	O	H	T	E	B	
S	E			T				C					
C	N			B					D				
O	W			J				Z	E	A	S		
R	O		C	O	C	O	R	O	S	I	E	B	
G	N	L		F	O	R	E	I	G	N	E	R	
E	F			E	K	O	R	T	S				
L	N	E	U	L	B	G	N	I	K	C	O	H	S
L			E	U	S	Y	G	G	E	P			

ROCK MUSIC
Puzzle # 199

R	A	T	K	E	N		T						A
	T					U							U
		I					P				C		T
		D	R	E	A	M	O	N	E		H		H
			G					L		A		O	
A	S	H	L	E	E	S	I	M	P	S	O	N	R
	Y	A	W	N	I	N	G	M	A	N		G	I
	T	O	N	Y	J	O	E	W	H	I	T	E	T
		I	X	A	T	N	O	O	M		Y		
			L								Z		
A	L	T	E	R	E	D	I	M	A	G	E	S	
E	U	N	E	V	A	E	C	Y	O	B		R	
				I	S	L	A	N	D	O			
	E	C	O	V	A	V	I	V			M		
E	E	R	T	A	U	H	S	O	J			A	

ROCK MUSIC
Puzzle # 200

			M	I	C	E	P	A	R	A	D	E	
E	N	G	A	T	N	O	M	A	L	Y	A	R	
N	A	N	C	Y	S	I	N	A	T	R	A		
C	H	I	C	K	E	N	S	H	A	C	K	C	
U	D		A		S	G	G	O	R	T	E	H	T
	T	A		R							L		
I		C	U		Y			R				L	
	T		O	G		B				I		D	
		K		P	H		R			D	W		
		U			Y	T	U	O	K	A	E	R	B
			D			R		T		L			
	S	I	S	I	N				Y		H	L	
				A	I	X	A	T	A	E			
D	O	M	I	N	I	Q	U	E	A			R	R
	N	I	A	C	C	M	N	I	W	D	E		S

Made in the USA
Monee, IL
11 November 2020